如何玩
声学吉他

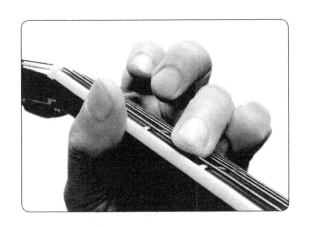

终极初学者

声学吉他手书

第一版 - 2014
修订版 - 2017
版权所有 © Pauric Mather - 版权所有

ISBN-13: 978-1546510048
ISBN-10: 1546510044

布局 - 设计与摄影

Micaela Machado - 葡萄牙
PixelStudio - 波斯尼亚
Emma Curtin - 爱尔兰

翻译

Carlos Reyes - 墨西哥
Israel Álvarez - 巴西
Marco Chu - 澳大利亚
Jean-Michel GEORGE - 法国

HomeGuitarAcademy.com

如果这是你的第一天学习吉他，这么你有一个良好的伴。因为所有的伟人也有他们的第一天- 并且从那一天开始便一生弹吉他。

你从今天起, 你就可以开始一生弹吉他!

你将学习

- 在完美的时间乱弹
- 弹奏最多的节奏
- 弹奏得最多的弦
- 快速变更弦
- 改善你的声音
- 阅读吉他盒
- 阅读吉他指法

以及更多!

目录

如何玩声学吉他

弹吉他的能力是无价之宝。它可以让你的心灵说话，让你的想象漫游。当语言不能传达信息,音乐会帮助说话。然而，不像物质财富，一旦你拥有了它，没有人可以从你的身上把它拿走。

在这本书中的课程帮助过成千上万的人弹吉他最全面， 最个人与个性化的吉他课程。弹吉他时通过明白你不应该做的,并且确保你有合适的吉他来进行学习。

从那里，它是至关重要的，你跟着每堂课的一步步。不要只是阅读。将他们个性化。用拇指，手指，和小节弦技术进行交互。

突出的经验教训，真正改变你的吉他演奏。在"注意事项"部分写你自己的想法。

使这成为你自己的书

不要逃课。如果你太热衷于到下一课，这是不能帮助你学习的唯一方法。通过吸收你刚才学到的,的吉他演奏的质量会好得多。

最重要的是，所有的实践是预先计划从开始到结束。你确切地知道努力去做什么， 不要忘记练什么。以及作为一个人成功的关键，"实践课程"从开始到结束继续跟踪你。你也可以在几周内实现很多人需要多年的学习。

为了鼓励你更多，在这本书中的人，当我们拍照不到半年已经知道怎么演奏吉他。看看他们怎么能够在术上,在这短短的时间,完美。通过仔细按照每一课，他们比任何其他的方式学得更快， 更容易。你也可以做到。

所以现在来吧....拿起你的吉他...... 跟我来进行一个真正独特的音乐之旅。

第1课

如何不正确的弹吉他

完美开始

如何定位你拉弦的手

如何阅读和弦盒

20个简单的,
听起来令人惊叹的吉他弦

如何不正确的弹吉他

有9个原因为什么人们没学好弹吉他。避免它们保证自己的成功。 他们在这里。

1　　弱手指

2　　不好的吉他教师

3　　不良大拇指定位

4　　学习音乐理论

5　　不好的学习节奏

6　 错误的方式学习G

7　　不正确拿着吉他挑子

8　　在尼龙弦吉他上学习

9　　在你弹弦的手拿着琴颈的重量

不好的握

一个不良好的手势虽然让你仍然可以弹吉他， 但你会发现晚期时候节奏难以完美。

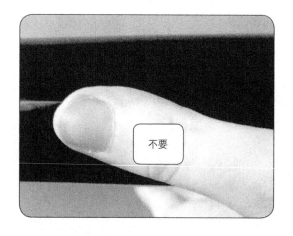

不良好的拇指

如果你的拇指定位不良好, 弦变速是不可能的。

你的拇指在同一时间或之前定位。决不在他们之后。这对你的手在吉他向上和向下的移动具有巨大影响。

很多人把它放置在后边或提高关节。这是致命的。如果你的拇指在侧面，你可以弹基本的弦，但你不能从一个弦迅速改变到另一个弦。

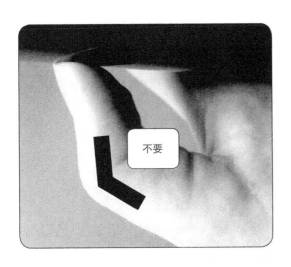

不要

提高拳头
拇指

这将锁定你的手指。你也许能够从这个位置学到一些和弦，但是，和弦变化也是不可能的。

伟人也不认识五线谱，
你为什么要呢？

你有没有想过买吉他教书.. 或报名参加吉他课只落得被教音乐理论呢？许多人因此失去了兴趣乐谱不是音乐- 这是墨水纸。

乐谱不告诉你如何设置，使用哪个手指，或如何定位你的拇指和手。 所有你需要的是吉他吉他盒和吉他谱，只需要五分钟来学习(页22和82)。

学习和弦如下所示是人们放弃弹吉他的主要原因之一。G只会在您一个接一个弦弹时才好会。但不是在你一次弹奏所有弦。 这听起来很泥泞。当你试图改善时可能会导致其他问题。

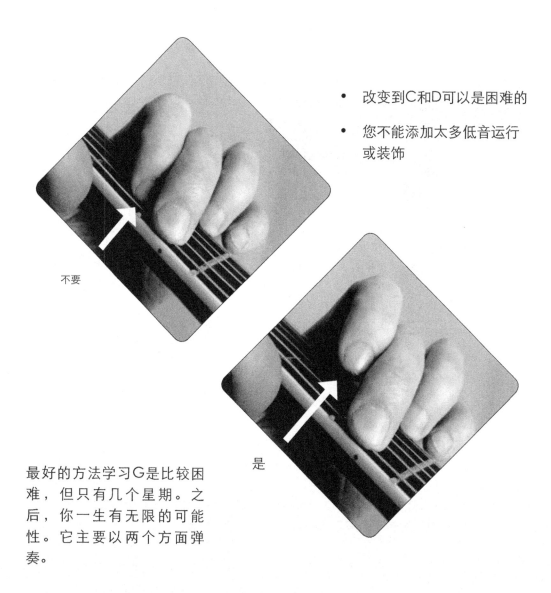

- 改变到C和D可以是困难的

- 您不能添加太多低音运行或装饰

不要

是

最好的方法学习G是比较困难，但只有几个星期。之后，你一生有无限的可能性。它主要以两个方面弹奏。

一个给了丰富的通风声。 另一个释放你的第一和第二只手指添加更多的音符，多和弦和低音运行。

大多数初学者将吉他颈背拉后，然后向下来见到吉他弦。请避免这种情况，你便会更快学习和提升能力。你的吉他会这么容易去弹。

蹲在顶部

吉他的脖子拉得太远

有故障的设置关了闭多门

它也可以阻止需要唱得好的气源

完美开始

您如何设置弹吉他对你学习速度有很多影响。忽视这个重要的点, 弹吉他将变得更加困难。只需要几分钟的时间来学习，但你大大增加成功的机会。

坐高

腋下的吉他重量

吉他角度出

你可以保持吉他脖子成一定角度(你的前臂长度) 吗? 这将你的手设置在你的面前,像转门匙一样。这使得和弦变化更容易并有助于释放你的自然能力。

如何定位你拉弦的手

这里是弹吉他的重大秘密之一。事实上，没有它没有什么是可能的。从老鹰至猫王；从加州到新西兰，你会看到"吉他三角形"。

这个简单而改变生活的吉他技巧可以帮助人们在几天，甚至小时小时内完成，而很多人需要几年来实现。

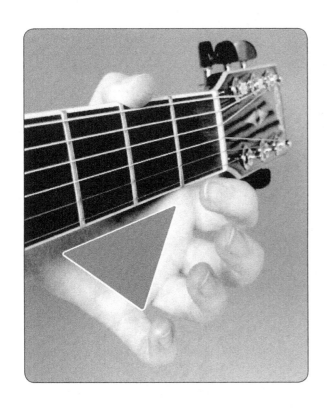

- 在吉他面前保持手指

- 让你的手指自由移动

- 让您用指尖玩

- 防止拳头掉下

- 使和弦变化更容易

你如果注意任何伟大的吉他手在世界任何地方以任何风格奏乐，你会看到"吉他三角"。

弹的提示

不在F或
酒吧和弦

玩家视图

弹的提示

将手指定位时要非常小心，不要失去三角形。

如果你 在变弦时保持它,你还会发现它更容易和更快地变弦 。

不要

如果要自然的奏开弦，你的手指
与品应该设置为同一水平。小心
训练这一点。它应该很快变得容
易和轻松。

你也可以训练你的手像手持有一
朵花一样。然后分开你的拇指和
第一个手指，宽度为吉他颈部。

如何阅读
和弦盒

如果你是一个有经验的吉他手，吉他盒是
非常有用的。但是因为它们只在琴颈的
前面显示给你，它们大多数不适合初学
者。

但是，如果你是初学者，秘诀
是将3步法（第26页）与吉他
盒相结合。现在他们更容易跟
随 - 并节省你的时间。

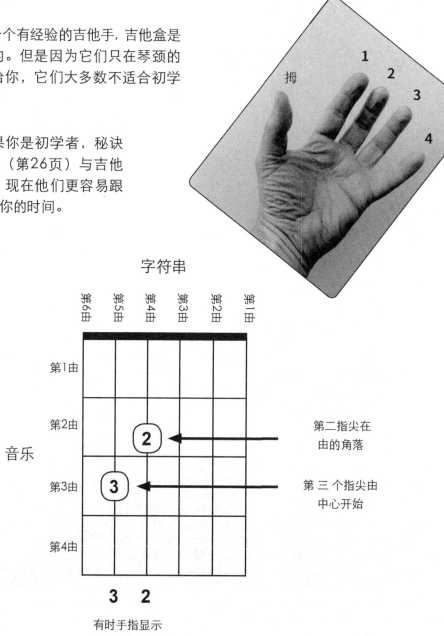

字符串

第6由　第5由　第4由　第3由　第2由　第1由

音乐

第1由

第2由　　②　　←　　第二指尖在
　　　　　　　　　　　　由的角落

第3由　③　←　第三 个指尖由
　　　　　　　　中心开始

第4由

3　2

有时手指显示
在盒子下面

20个简单的，

听起来令人惊叹的吉他弦

包括音樂家的看法

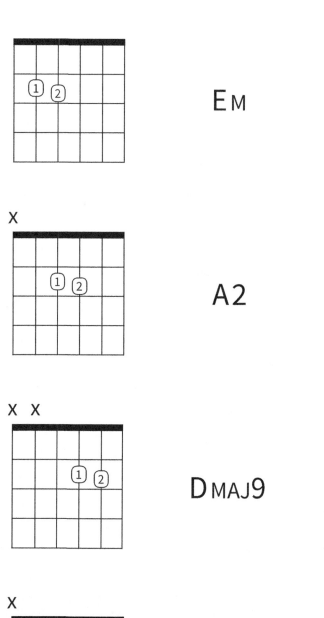

E M

A2

D MAJ9

A M7

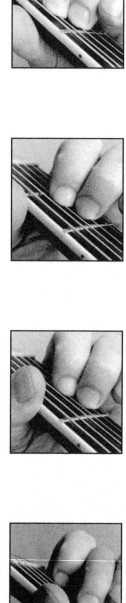

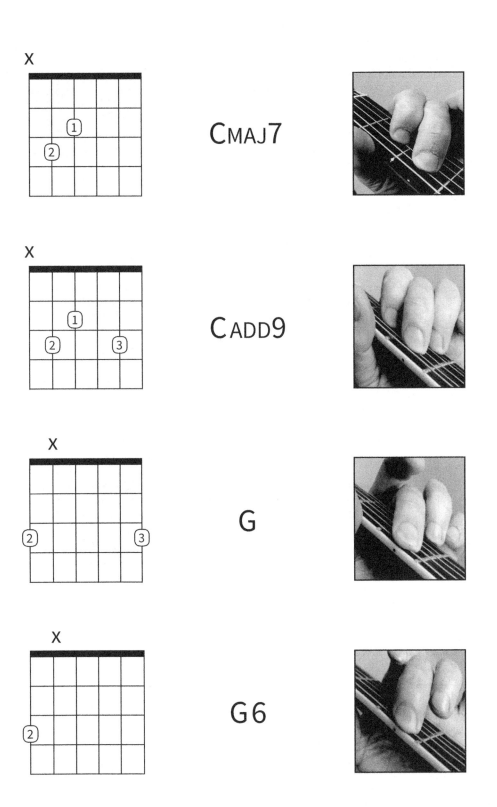

C MAJ7

C ADD9

G

G6

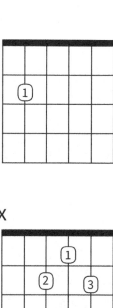

E_M7

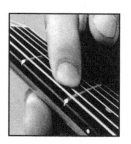

X

A_{MAJ}7

X   X

第4由

F_{MAJ}7

X

D2

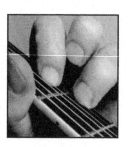

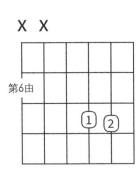

X X

第6由

① ②

D/E

X X

第4由

① ②

D7SUS2

X

第5由

①

②

A2

X

第5由

①

② ③

AMAJ7

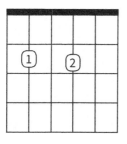

E7sus4

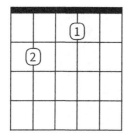

E7

X

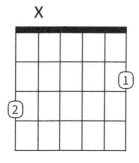

Gmaj7

X X

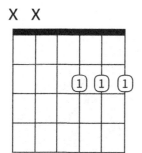

Dmaj7

第2课

学会弦的绝对最好方法

给你最好的吉他

你需要的一切

学会弦的绝对最好方法

学会弦的绝对最好方法是

1   倾斜你的吉他

2   确保您的手正确接近吉他琴颈

3   手指在弦

从那里，如果你练习一次2弦，你也可以大大加快你的弦变化（他们之间的位）。无论你是初学者还是专业，D是D，G是G..但是专业在弦之间更快。

1   倾斜 - 你的吉他

将吉他倾斜到你身上，让您可以看到吉他的脖子，而不会向前倾斜太远。吉他现在正为你做一些工作。 它也有助于产生良好的声音。

2   确 - 保您的手正

吉他三角

第15页

3   发挥 - 和弦

这里简单的的3步骤是技术完
美   -精确得就像精确的顶尖的
吉他手一样弹。

它可以帮助你在几周内实现正
常人需要多年时间的学习。

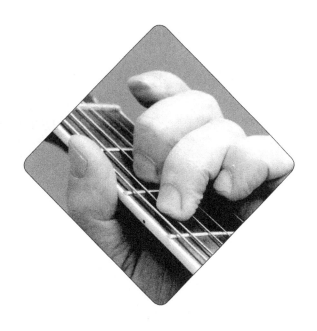

给你最好的吉他

如果你是初学者,你需要知道哪只手(右手或左手)扫弦比较容易。你写字的手几乎总是你扫弦的手。如果你不能确定,你可以尝试两种方式,看看哪方式是最自然的。

大多数专业人士会用琴颈窄和薄、钢弦吉他或民谣吉他。

所以,除非你想玩古典吉他。

如果你是初学者还或是双手不大的话,它们更容易发挥。这些吉他指板与电吉他是一样的。

一旦你的指尖变得更硬,使用钢弦吉他弹奏的声音会比尼龙弦古典吉他更好听。

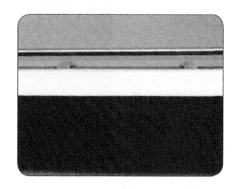

钢弦
近指板

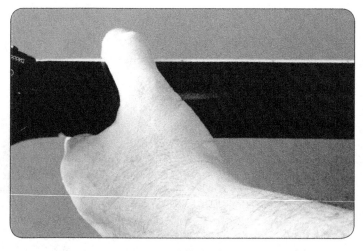

修颈

轻量弦是更容易弹并且不会伤害你的指尖太多。 在不练习时，通过保持吉他在壳，可以持续一年或更长时间。

如果它被冷落，他们往往会聚集灰尘并需要经常更换。弹吉他后您还可以擦拭。

琴颈

女孩

你们中许多人的身材比男人小，所以在一个较小的超薄颈吉他学习弹吉他更合理。

除了更容易学习和弹外，你会舒服得多。

你需要的一切

木吉他拨子

电子吉他拨子

吉他调谐器

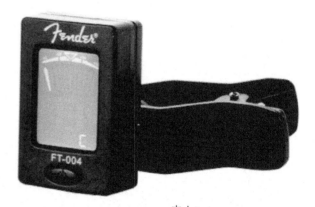

夹上
吉他调谐器

如果你的吉他有一个内置调谐器，你不需要买一个。如果你是
一个初学者，夹上 吉他调谐器。 这些是最容易使用的。

弦络筒机

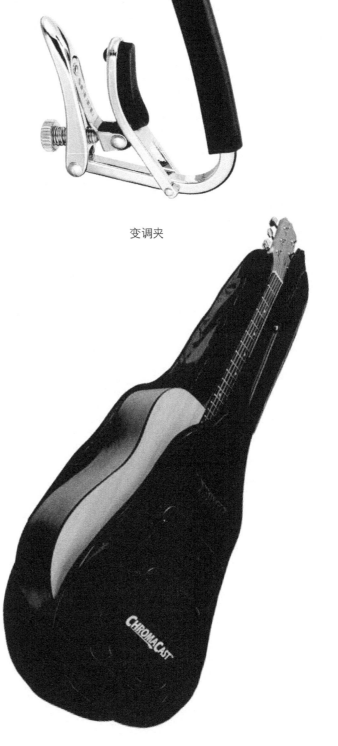

变调夹

吉他袋

确保拉链从上到下运行往下方。

把你的吉他放进，出这种类型的
吉他袋是如此容易。此外如果它
填充后会更好的。

练习项目

第2课

- 练习良好的安装 - 第14页

- 如何阅读和弦盒 - 第18页

- 学习2个新和弦 - 第20 - 24页

- 重新阅读如何不正确的弹吉他 - 第10页

注意事项

第3课

如何调整你的吉他

如何拿着吉他拨子

如何玩节奏吉他
第1部分

如何调整你的吉他

吉他调谐器可以对初学者会非常棘手的。因为他们处理声波，你必须选择一个弦来激活它。然后，你需要不断拉弦以保持其响应....并在同一时间转动微调头来调整弦。

一把吉他调谐器可以一次只能处理一个声音。如果听到更多的，它将会迷糊而不知道这声音。

夹式吉他调谐器会立即解决所有这些问题。他们是所有调谐器对用户最友好的，因为他们只附着在吉他头时操作。

因此，他们听到你的吉他并没有别的。你甚至可以用它在非常嘈杂和拥挤的地区调它。

第6弦 - 调头内调整

学习使用调谐器之前，一个有用的技巧是从第6弦开始挑选，拇指和食指在调头里面。但不要把它调。

然后开始挑选第5弦并移动拇指和食指到下一个调整头。然后转到第4弦移到外面的调头上。

第3弦 - 调头外调整

当你去到第三根弦, 你不得不从底部外面调头开始从后面工作回来前面

很多人去调整调头然后断线。如果你做这个练习三次, 它可以让你理解使用一个调谐器的良好手感是什么。

不搭调   在声调

太低   中心

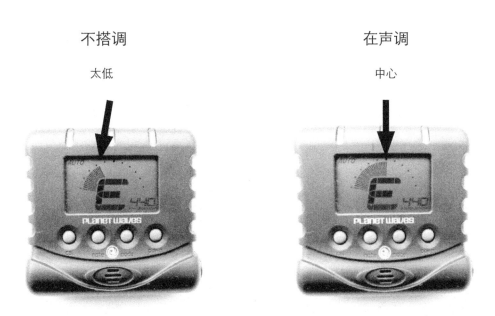

将针放在中心或得到一个绿灯是不够的。在您的调谐器的音符必须与所调整的弦符合。如果你使用像这里显示的调谐器, 确保没有在屏幕的右上角出现 # 符号。

有时琴弦需要调整一次以上。调整后, 需要弹奏一点点安顿它们是个好主意。

第6弦	*E*	第3弦	*G*
第5弦	*A*	第2弦	*B*
第4弦	*D*	第1弦	*E*

如何拿着
吉他拨子

一些人不喜欢用吉他拨子。他们说只要他们开始玩便滑。这是因为他们的手指失去位置 为他们没有使用正确的方法抱着它。个练习为您提供了好办法持吉他拨子。

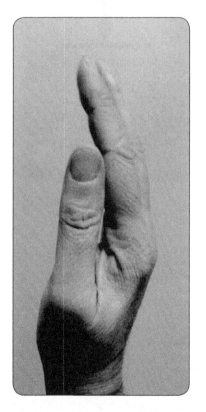

伸出你的手，
仿佛在握手

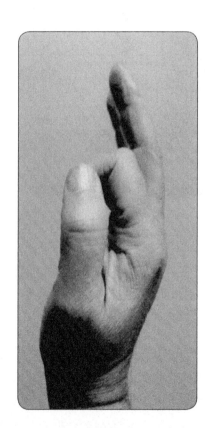

然后勾你的
第一只手指

玩家视图

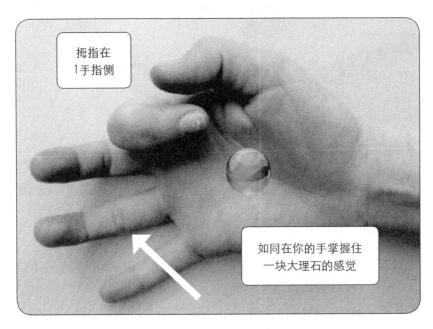

拇指在
1手指侧

如同在你的手掌握住
一块大理石的感觉

这三根手指弯曲和独立

如何拿好拨子
的压力

1至10的比例。　　　大概3

你可以滑动拇指或挑一点点不同的
声音。

理想的握看起来像飞机的机翼。节
奏吉他使用大约一半的挑。对于主
音吉他是大约四分之一或更少。

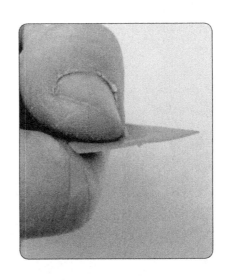

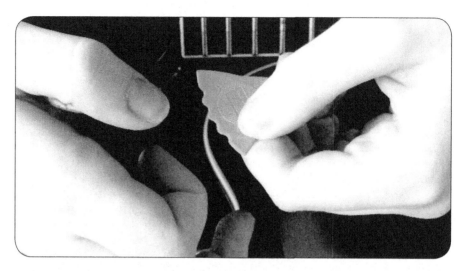

最好是用两只手来完善正确的抱

虽然学习这种握法，关重要的是你用两只手。设置你的手并用另一只手定位吉他挑子。尝试这样做会导致问题出现。一旦你已经完善了良好的手势，单手会很容易做到。

失去一个吉他拨子是很容易的。当演奏完毕，将拨子放在弦之间如下所示。当你想弹吉他时它会永远在那里。

多于第6　　　　　少于第5　　　　　多于第4

第4由

滑动到
第一由

这种挑子在声学吉他听
起来不错不合适电子吉他。

这种风格的挑子
非常适合电子吉他。

吉他和弦的
声音是怎样的?

A, D, G etc   快乐

Em, Am etc   伤心

A7, E7 etc   蓝调

Am7 etc   伤心 / 蓝调

Amaj7 etc   梦想

如何玩节奏吉他

第1部分

顶级吉他手用拇指和手指拿着挑子。但仅此而已。他们使用手臂和手腕扫弦。这是一个完全不同于拿着一个吉他挑子。

向下扫弦

拨叉朝
上

从音孔的这一边弹奏给你一个更流畅的声音。而且由于弦似乎更容易弯曲，拨子不太轻易滑倒。

不要用你的手臂到达这里。相反倾斜吉他脖子出多一点。这将重置您的手和胳膊而不失其自然的弹奏位置。

弹奏吉他的效果取决于

- 你的设置有多好

- 你握着吉他手有多好

- 在合适的角度握住它，和

- 手臂/手腕的组合动作

向上扫弦

拨叉朝
下

- 向下扫弦 - 6串或更少

- 向上扫弦 - 大多数3或4个字

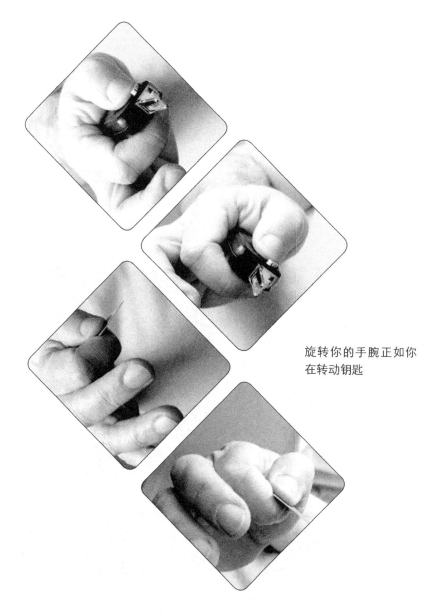

旋转你的手腕正如你
在转动钥匙

一些吉他手不使用拨子。相反，他们用大拇指相反，他们弹奏用大拇指(下) 和第一手指(上),或它们的第一手指只用在上下。

其他几乎决不用自己的手指，喜欢抱着吉他拨子。通过练习每一个方法,你会渐渐看到自己的演奏风格在发展。

第4课

声学吉他的

手指练习

18
吉他技巧

声学吉他的
手指练习

如果你是一个初学者，你的手指太软不能产生清晰的声音。
它通常需要三周左右来变硬。

拿着电话

转动钥匙

拿着玻璃

拿着匙子

在日常生活中，你用你的拇指和两个手指做大部分活动。
第3和第4只手指除了打字或玩钢琴很少使用，即使你只轻
轻触摸键。按吉他琴弦对四只手指需求是非常苛刻。

你什么时候经常尝试移动一个手指但另?。这个练习将治愈它。
同时，它给你18种在所有的吉他歌曲的技能。

刚开始的时候慢慢地练习，再过几天，你会发现独立移动手指是多
么更容易。

这练习为
你做什么

- 伸展拇指和你的手背

- 加强较弱的第手指

- 使所有四个手指相互独立

- 教你好的大拇指小节弦定位

步骤1

- 你的手指从琴颈下进入。

- 然后将四根手指放置在六号
  弦的每个由如下 (第50页)。

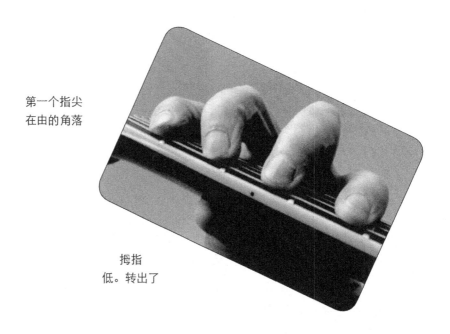

第一个指尖
在由的角落

拇指
低。转出了

一旦你设置得很好，必须非常小心不要将它弄出来。记得第1课吗？完全建立后，练习时，你需要保持一个很好的设置位置。实际上比试图蹲在位置弹更加容易。

蹲在顶部

手肘太远

步骤2

- 移动你的第一个只手指尖到第5弦第2由

- 现在移动你的第二只手指尖到第5弦第2由 等等

- 一次移动一根手指

现在尝试移动你的第三手指到弦下,无需移动其他的弦。没那么容易……是吗?因为仍然太弱去弹吉他。您可能需要用另一只手移动它。继续做这个练习,它会开始自动的自己移动。

步骤3

- 现在移动你的小手指到第5弦第4由

- 然后,你从第一只手指再次开始降到4弦1由等

完整的练习在下一 两页。每次你做这个练习,你将更近一步知道怎么弹吉他。

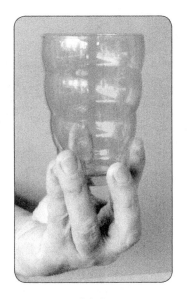

非常相似,
这种自然的手的位置

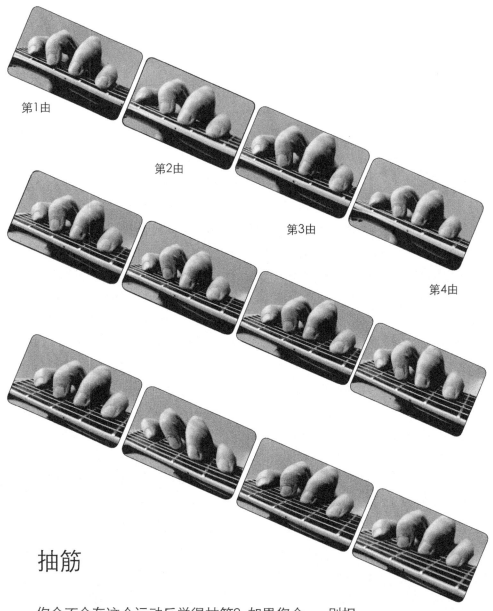

第1由

第2由

第3由

第4由

抽筋

你会不会在这个运动后觉得抽筋？如果您会，　别担心。这是很正常的。休息你的手，直到你觉得准备好再次重新开始。一旦你的手有力, 它不会抽筋了。

这次演习确实暴露了弹吉他时你按弦的手或者手指的任何弱点。但它也是解决方案。

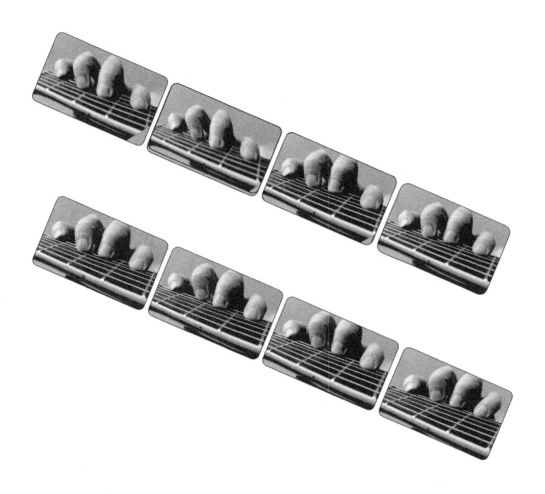

- 一旦你到达终点，你可以练习一次一只手指。

- 先开始使用第1只手指提高一个弦，然后第2个手指提高一个弦， 然后第3个手指重复直到所有四个手指都回到了第六弦。 继续，直到所有四个手指回到第六个弦。

- 你会发现它很容易回去。

练习项目

第4课

- 练习良好的安装 - 第14 - 16页
- 练习伸展运动 - 第31页
- 者练习手指练习 - 第52页
- 确保你没有蹲下 - 第50页
- 练习滚动 - 第42页

注意事项

第5课

如何玩节奏吉他
第2部分

如何提高你的声音

如何实践

如何玩节奏吉他

第2部分

要按节拍弹奏，你需要轻轻卷动你的节奏。按节拍和良好的声音是
伟大的关键。即使有几千种不同的堂皇节奏，他们只有一个模式。
在这里。

 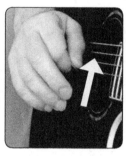  

向下扫弦　　　　　向上扫弦　　　　　向下扫弦　　　　　向上扫弦

灰色箭头 - 过错琴弦

黑箭頭 - 抓住琴弦

一旦歌曲开始，你可以感觉到它是如何继续下去吗？要做到这一点，吉他手必须有一个上下上下上不停滚动的运动。

在许多吉他课有人试图会教你说下来下来下来下来下来向上。这对于许多人是非常误导。如果我连续做四个下，我的手已经撞到地面了。

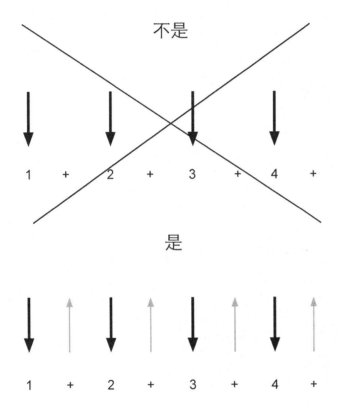

不是

1   +   2   +   3   +   4   +

是

1   +   2   +   3   +   4   +

- 做四個 向下扫弦
- 還必須做他們之間彈起
- 你繼續上下滚你的/手臂/手腕
- 但是，你的聽眾只能聽到黑色箭頭

如何提高你的声音

前几个星期，你的指尖太软不能产生清晰的声音。它通常需要三周左右来变硬。

轻松的手

坚定
的手

在这幅图片中

* 我的左手是坚定的

* 我的右手感觉轻

* 我高高坐在

由于你的指尖必须比你想象更加努力地按琴弦，它使你的另一只手弹奏或挑过大力。

你按弦的手应该持稳。而你弹旋律的手较轻和放松。你的双手应该平衡。

第一弦不拉响

许多弦如E, Am, 与C有一个开放的弦。同时你的手有一种倾向来触摸和静音相同的弦。对于大多数开放的第一弦,专业人士留下一个大约小硬币宽度的缝隙。 他们通过降低手 腕做到这一点。

用硬币练习

还有,初学者往往会发现手指按压第2弦不慎触及第1弦。如果你把手指从第2根弦带走并重新将你的手和手指定位, 这使得第一弦现在听起来。

然后把手指放回去。从这里你应该很快就能弹第1与第2。

如何实践

熟能生巧。你听说过多少次？但是，这不是真的。

熟能不一定生巧

要很快地成为一个优秀的吉他手，

只有对的熟能才能生巧。

这种方法通常是成功和失败之间的差别。

另一个失败原因是因为他们试图从一开始就弹歌曲。换一种说法,即使两者不够熟练,都用两只手玩。

唯一用这种方法成功的人通常是男性双手有力，有很大的决心，以及有时间练习的青少年，
更方便，更快捷的方式是将每只手自己提高技能。

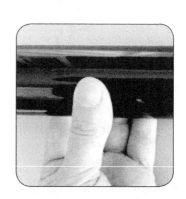

这可能需要更长的时间但是你成功的机会大大增加，特别是如果你是一个成年人。

练习的最佳时间是你当你已经学到了新技术之后。在它仍然在你的脑海清新，你可以更快，更容易捕捉它。

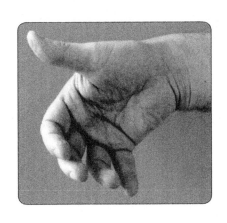

慢慢来

想象一下，当你盖房子三个楼层高然后这种情况发生;

第1天　　完成你的底楼

第2天　　您完成一楼

第3天　　当你正要完成下一楼层, 整个房子倒下。

为什么?

每层楼的水泥没有得到足够的时间来稳定。或者，　你过早到下一个阶段。学习吉他是非常相同的。你的学习的速度需要是正确的。

走得太快可能会对基本技能有用，但一旦你上升几级你会一度发现。

如果你以正确的方式弹吉他，很快你就会很擅长弹吉他。

练习项目

第5课

- 者练习手指练习 - 第48页
- 练习滚动 - 第40页
- 练习滚动 - 第52页
- 重新阅读如何不正确的弹吉他 - 第10页

注意事项

第6课

如何玩节奏吉他
第3部分

怎么弹才能合节拍

3种新的声吉他节奏

如何玩节奏吉他

第3部分

你可以听你知道的一首慢歌吗？演奏时，使用按弦的手拿起你的吉他并且将琴弦静音。

1 數 1 2 3 4 1 2 3 4。如果還是不行換上另首慢歌直到你可以清楚地聽到 1 2 3 4 1 2 3 4。

2 轻轻地开始将弦上下起动直到你知道这首的节奏

在你没有额外的压力在同一时间弹正确的弦时，你会发现容易按节奏扫弦。

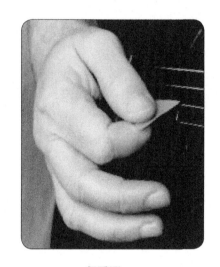

很重要
掌握得很好

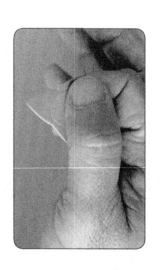

最终，你应该能够找到一个韵律适合你要弹的任何歌曲。它可能不会恰好是录制的歌曲但旋律将是正确的。另外，你将开始开发自己的风格。

所有歌曲可以在單面或雙面節奏播放或兩者組合播放。此外，他們數1234或者123。這裡有三個所有的吉他節奏踏腳石的練習。

练习1 - 奏快弹

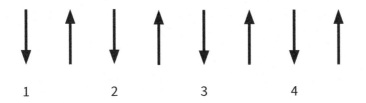

1   2   3   4

练习2 - 奏快弹

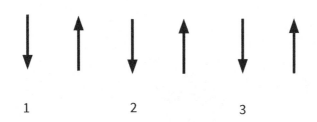

1   2   3

练习3 - 慢速和快速弹

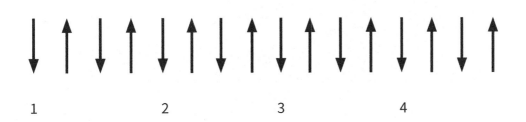

1   2   3   4

怎么弹才能节拍

计数与脚踏是简单的工具来正确地学习吉他节奏。他们在正确的地方和时间帮助你正确的扫弦。一旦了解旋律，停止计数和脚踏。您现在不需要他们。尽情享受弹它。

一旦 你想学习一门新旋律,算算脚踏直到你懂那旋律。同样，一旦了解旋律后，尽情享受弹它。

1　你可以听听一首很容易跟着节奏的慢歌吗？

2　闭上眼睛，想象自己使用吉他弹歌曲

3　在弹时算算

1　2　3　4

闭上你的眼睛

脚踏

是

最好的办法

也许

同时脚踏与弹吉他不像看起来那么容易。大多数人要练习很多,而且非常缓慢才能完善它。

如果你是一个初学者,你对大多数歌曲都将无法初伴随着旋律扫弦。然而,能够脚踏拍子。

通过链接手弹扫弦到你的脚踏,你很快就会正确地将吉他节奏扫弦。你也将能够与其他音乐家一起弹奏。

最好的是不使用吉他下的脚。最好的脚踏办法是在弹拨时完全提高你的。

它比脚尖或脚踏更难,但结果是更好的。对于节奏计算 1 2 3 4 1 2 3 4 -只弹1和3是更理想的。然后,你可以弹更快速的节奏。

1	+	2	+	3	+	4	+
点击				点击			

3种新的声
吉他节奏

向下扫弦
- 6弦声音 -

最快的方法掌握吉他节奏是使
用微动的手

轻轻触摸它们将琴弦静音。

向下扫弦
- 错过琴弦 -

现在你没有在同一时间弹这首
歌曲的压力。

向上扫弦
- 第3声音或第4弦 -

向上扫弦
- 错过 琴弦 -

大声扫弦

不要压下它们

节奏 1

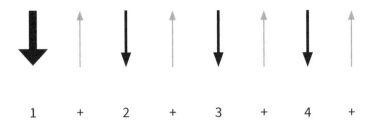

节奏 2

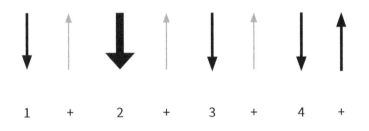

节奏 3

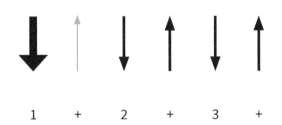

练习项目

第6课

- 者练习手指练习 - 第48页
- 练习滚动 - 第40页
- 练习滚动 - 第52页
- 重练习3节奏 - 第61页

注意事项

第7课

4个新弦

如何快速更改弦

第1部分

如何阅读吉他指法

完美的手位

第1步

Em

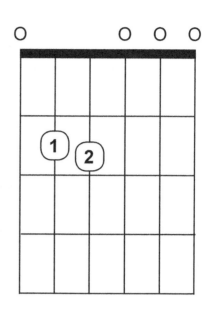

第2步

第3步

由EM更改为 E7sus4
不动你的第 一 手指

E7sus4

第1步

第2步

第3步

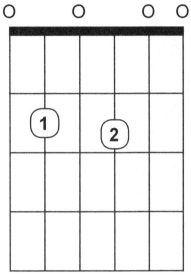

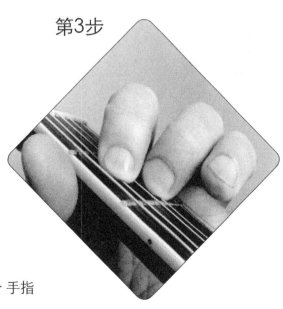

由更改为E7sus4 Em - 不动你的第 一 手指

在学习弦时，双弦一起学习将让你更快改进。为什么？很简单，
因为你加快弦的变速。

Amaj7

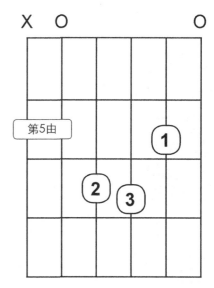

第5由

拇指触摸第6弦

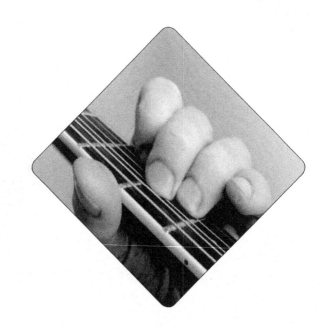

Bm sus4

X   O   O

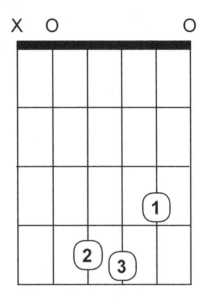

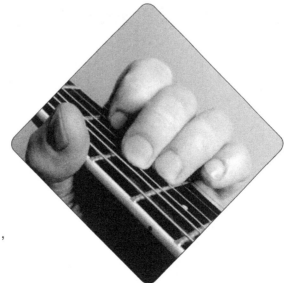

将手指放在与Amaj7相同的位置，
将它们向下滑下2个由

如何快速更改弦

第1部分

当一只手指是在相同的位置你不需要移动它。这就是所谓的支点手指。
只要保持按下及其周围作支点。

最易的弦变化有一个支点的手指。困难的没有。有许多支点手指弦在吉
他上变化。下面是一个例子。

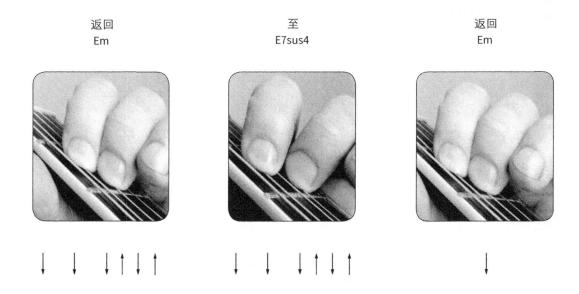

| 返回
Em | 至
E7sus4 | 返回
Em |

- 别动第1指尖

- 弦变化时保持
  第1只指尖压力在弦上

如果你先练习支点手指,学习吉他是非常容易。一旦您完善他们后,
连续性的感觉很快就会变得更难改变。

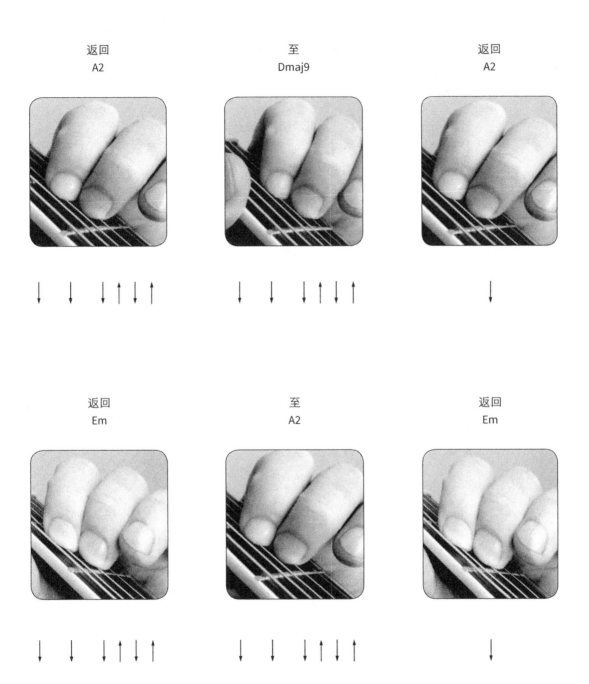

返回
A2

至
Dmaj9

返回
A2

↓　↓　↓↑↓↑

↓　↓　↓↑↓↑

↓

返回
Em

至
A2

返回
Em

↓　↓　↓↑↓↑

↓　↓　↓↑↓↑

↓

如何阅读
吉他指法

吉他谱是很容易学的。六条水平线表示吉他上的六个弦。顶行是第1个弦，底行是第6个弦。它看起来颠倒，但只需要几分钟来习惯。 这些数都是弹由0 =打开弦 2 =第二个由。

例 1

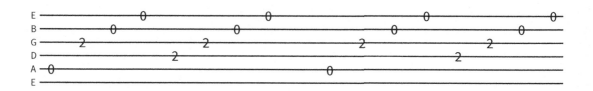

当数字是一个接一个时，你需要一个接一个弹奏。您可能会注意到此选项卡弹A2弦的音符(第20页)。 现在先将手指弹A2和弦，然后再次弹奏音符。

例 2

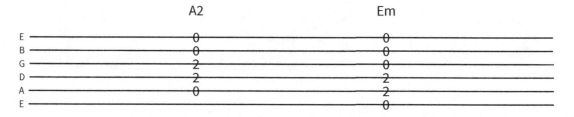

当数字是在彼此的顶部这表示弹拨。所以所有的弦在同一时间弹奏。 一旦你熟悉弦形状,将更容易理解吉他标签。

完美的手位

所有手指中,第一只手指也是最重要的。顶级吉他手在每一个机会将其放置在角落里。这令和弦变化更容易。而且它也自然推动其他三个手指进入最佳弹奏位置。

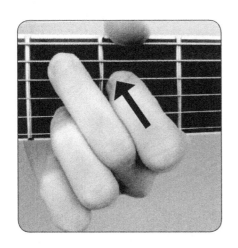

对于A弦和以下是不可能的。相反，你必须大力按第一个手指在弦上来得到清晰的声音。

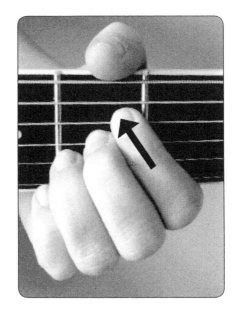

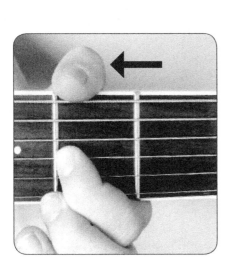

滑动你的手，拇指为一体以推动第一只手指到由的角落。

练习项目

第7课

- 重新阅读如何不正确的弹吉他 - 第10页
- 者练习手指练习 - 第52页
- 重练习3节奏 - 第61页
- 练习新的和弦 - 页 68 - 71页
- 练习快速弦变 - 页 72 - 73页
- 阅读吉他谱 - 第74页

注意事项

第8课

指弹吉他

主音吉他

如何跳弦

蜘蛛运动

指弹
吉他

设置指弹吉他的手与主音吉他的手非常相似。你的手跟垫可
以在桥针轻轻休息...和/或第四只手指能够轻轻休息在吉他。

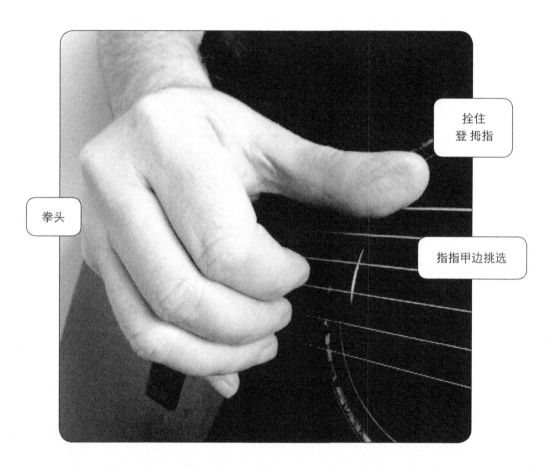

拴住
登 拇指

拳头

指指甲边挑选

当挑弦时，你的手可以一点点上下滑动桥。

顶级吉他手从拳头水平弹吉他。为什么？因为他们从拳头给手指动力，这给较短但更响亮的手指动作。

它更容易控制。此外，它可以让你的指甲直接接近弦，像直接从门前得分一样。

其他人具有第四只在吉他手指（下面）。或者使用他们的第三和第四只手指轻轻触摸它。你也可以用两个位置的组合发挥。

顶级吉他手从拳头水平弹吉他。

为什么？因为他们从拳头给手指动力，这给较短但更响亮的手指动作。

它更容易控制。此外，它可以让你的指甲直接接近弦，像直接从门前得分一样。

想象一个球在你的手

如果你没有设置你的拳头高一点点，你的手指都留给从下面挑弦，就好比从边线得分。

这是非常困难，也是初学者常见的故障之一。

进行圆周运动挑选

Amaj7 - 第70页

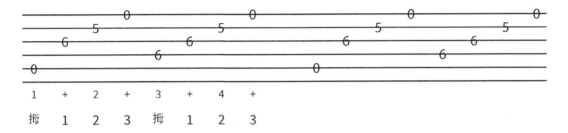

```
1   +   2   +   3   +   4   +
拇  1   2   3  拇  1   2   3
```

Bm sus4 - 第71页

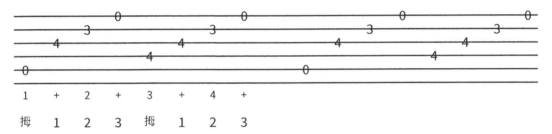

```
1   +   2   +   3   +   4   +
拇  1   2   3  拇  1   2   3
```

弹的提示

拇指向下弹

拇指比手指弹得大声一点

手指以大约60°的角度拾取

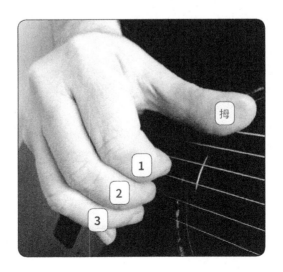

主音吉他

手的脚跟垫和/或第四只手指轻轻停靠在吉他。

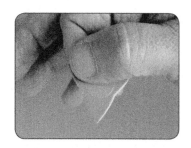

节奏吉他
一半

主音吉他
四分之

手可从桥上下滑动，但不离它

在这里，第四只手指轻轻地放置在吉他。它可以上下滑动一点但总是保持接触，并且可以作为桥上的足跟垫替代品。

所有伟大的吉他手根据感觉弹奏。但要做到这一点，他们需要这样的参考点。它类似于打字，依赖于良好的大拇指定位。

如何跳弦

这里是一个弹吉他的大秘密 – 测量采摘。很多人选择一个弦,然后在两个独立的动作寻找下一个弦。这导致闭塞,使它不可能快速的弹。

一个好的拨动作通常是

1   选下一个弦的方向
2   在一个运动准确测量下一个弦

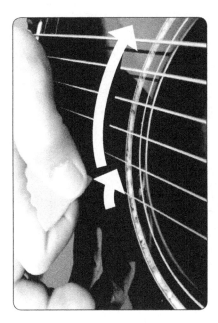

不是

是

初学者往往看他们的节奏手直到他们另一只手犯错误。然后他们看那个手。

但是当他们纠正时，弹节奏的手出了问题。治愈在这里。

一个专业的吉他手在歌曲的开始之前可能迅速看了一眼双手但这动作只是使其定位。从那里，他们可能看他们按弦的手，但也很少看另一只手。

改进手指练习

第48页有一个更困难的手指练习版本。现在你使用双手来弹。您也将在同一时间练习18种不同的技能。他们在吉他演奏所有歌曲。

1   把你的手脚跟放置在吉他的桥上

2   使用吉他撥子约四分之一

3   把你的拇指放置在低和中心点, 在第二由后面

4   将所有的手指放在第一个弦, 在每个由放一个

5   用你的指尖大力按下弦

6   首先将你的第一只指尖移动到第五个弦第一由。选择第五个弦一次, 并尝试一个清晰的声音。

7   然后把你的第二个指尖移动到第五个第二个角色。挑一次

8   现在将第三只指尖移动到第五个弦第三由。选择一次

9   然后你的第四只到五弦第四由。选择一次

请在接下来的弦做同样的事。 完整的练习在下一 两页。

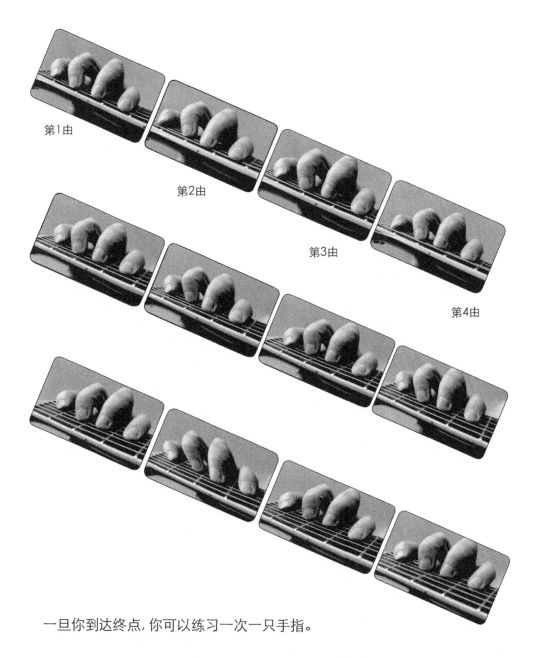

第1由

第2由

第3由

第4由

一旦你到达终点，你可以练习一次一只手指。

先开始使用第 1 只手指提高一个弦，然后第2个手指提高
一个弦，然后第3个手指重复直到所有四个手指都回到了
第六弦。

你会发现它很容易回去。

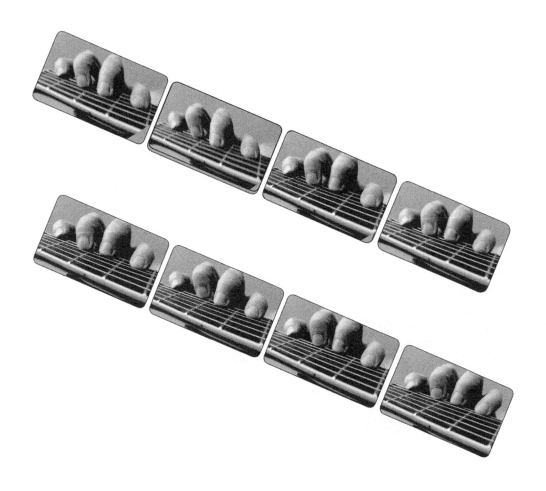

你的手抽筋吗？

如果抽筋，不要担心。 这是很正常的。休息直到你准备好再次开始。一旦你的手变强，它不会抽筋的。

你会发现吧和弦更容易弹。

弱手指？

大多数初学者觉得很难学习弦是因为他们的第三只手指比其他手指弱。你觉得你移动第三只手指到想要的弦很难吗？如果是这样，练习将能够极大地帮助你。

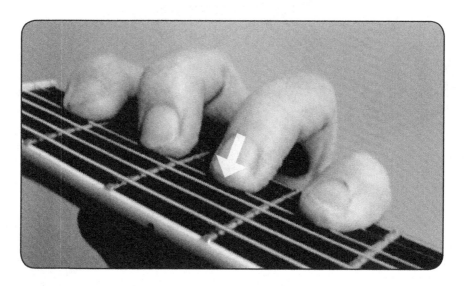

从这里开始

将所有四个手指放在第三根弦。然后通过移动第三手指高一弦。然后如在这些页上拉高另一弦。它可能需要加强。

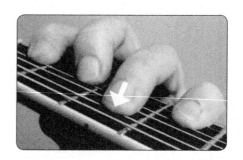

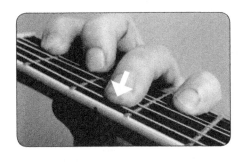 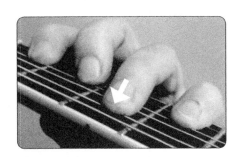

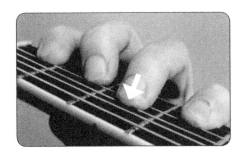 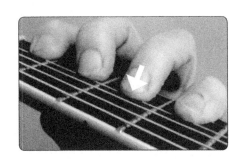

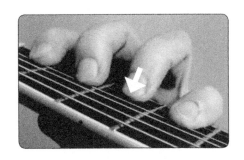 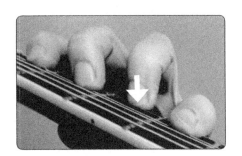

你有没有看到回落至第2与第1弦是多么难？如果你继续尝试这个，在短短的几天内，应该会更容易一些。

你可以尝试同样的运动，但这次使用第4只手指？从头从第3弦开始。您可能会发现它也有待加强，如果是的话锻炼你的第4只手指会帮助 更多。

练习项目

第8课

- 重练习3节奏 - 第61页

- 练习快速弦变 - 页72 - 73页

- 实践指弹手动设置 - 第78页

- 练习测量拨运动 - 第83页

- 练习改良手指练习 - 第86页

注意事项

第9课

4个新弦

如何快速更改弦
第2部分

最佳的弹开弦

半三角方法

Cadd9

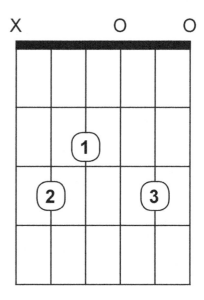

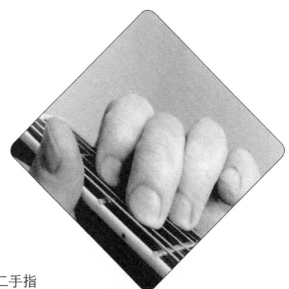

由Cadd9更改为D - 不动你的第二手指

由D更改为Cadd9 - 不动你的第二手指

D

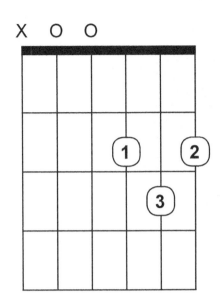

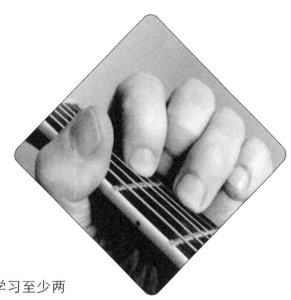

正如你在第69页看到的，当你一次学习至少两个和弦时，它会大大提高你的进步速度。

你弹由的手的的真正艺术不仅是你演奏的弦。这也是它们之间发生了什么。

G

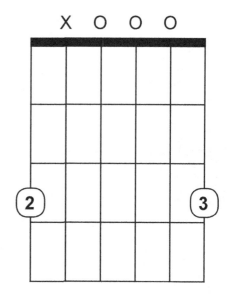

X　O　O　O

2　　　　　　　3

G可以是最简单的和弦之一，因为
你只需要两只手指就可以由它。

G 另一种方法

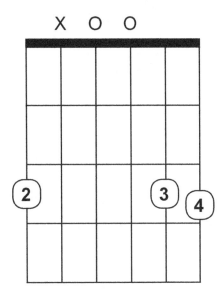

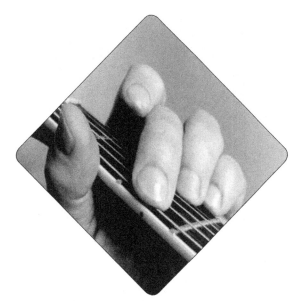

拇指不接触第6弦

第5弦通过第2只手指内部静音

如何快速更改弦

第2部分

不动

你的拇指
第3根手指
或三角形

这个简单的课程教您将手指靠近指板。因为在需要的时候，它们具有较少距离回弦，您的弦变化变得更加快。

您可以演奏千千万万的歌曲而不动你的拇指三角形第三指。

如果你仔细观察所有这些弦你会发现

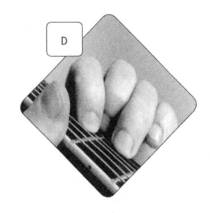

D

1 第三个手指在每一刻是在同
   一个地方

2 即使在和弦变化中,第三只手
   指保持不断压入

3 吉他三角

至Cadd9

第1和第2只手指做大部分的变化。你
的手几乎保持不动。这个位置结合保
持你的第3只手指按下,同时保持指尖
靠近指板。

直至G

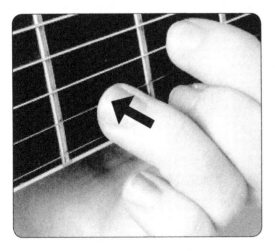

第3只手指在弦变化期间保持按下

最好的方式
来弹开弦

要自然地玩最开弦，你的手指横应该与由横向设置。

小心翼翼练习这个它会很快变得容易和轻松。

您也可以通过假装持有玫瑰来设置你的手。然后将拇指与第一手指分开 (吉他颈部的宽度)。

半三角

吉他三角是弹吉他的秘诀之一。它创建了空间让你的手指移动。

使弦变化更快更轻松,更自然的。对于像B7和E的弦你需要"半三角"。

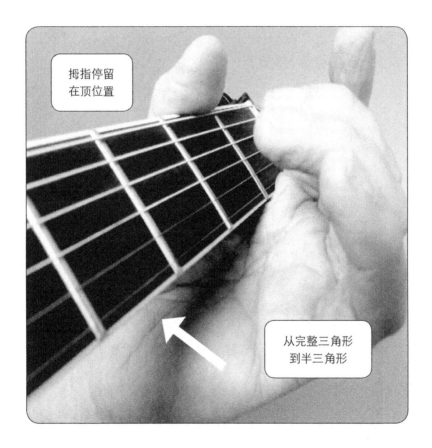

拇指停留
在顶位置

从完整三角形
到半三角形

当变回为D时,你重新打开完整的三角形是至关重要的。
如果你没有半三角的宽度,你的手指无处可去。

练习项目

第9课

- 练习改良手指练习 - 第86页

- 练习D, Cadd9和G - 第97页

- 练习快速弦变 - 页 72 - 73页

- 重练习3节奏 - 第61页

- 重新阅读如何不正确的弹吉他 - 第10页

现在，在这里开始您可以开始学习自己喜爱的歌曲。
任何之前让你感到困惑的书籍将会更有道理。

小心

然而，避免F,B, 和小节弦。学习这些仍然为时过早。

第10课

你最喜欢的歌曲
在3个步骤

4个新弦

如何快速更改弦
第3部分

新的吉他节奏

你最喜欢的歌曲

在3个步骤

找到一首歌曲和弦的最快方法是在Google上。首先，专业吉他手演奏时不会经常显示G弦给你。其次，大多数歌曲都没有给你弹拨模式。

这个简单的3步指南是

* 解决这两个问题
* 应该让你学习喜欢的歌曲
* 节省你大量的时间

为了获得最佳效果，请以非常慢的歌曲开始。 你进步以后你可以玩快歌 。

第1步

歌例

祝你生日快乐

Happy birthday to you guitar chords

Note: beginners can play the **chord** of D instead of
D^7, as the notes in the two **chords** are almost the
same (actually, **you** can do this in many songs).
Guitar chords: These are the **chord** charts for
Happy Birthday in key G, suitable for playing on
acoustic or electric **guitar**.

Happy Birthday chords with lyrics and guitar chord chart sheet
recordrestorations.com/chords-happy-birthday.php

HAPPY BIRTHDAY CHORDS by Misc Traditional @ Ultimate-Guitar ...
https://tabs.ultimate-guitar.com/m/misc_traditional/happy_birthday_crd.htm ▾
★★★★↓ Rating: 4.7 - 863 reviews
Apr 15, 2009 - [Intro] / A D / D A **Happy Birthday to You** D **Happy Birthday to You** G **Happy Birthday**
dear *fill in name here* D A D **Happy Birthday to You** / Hey ...

避免弹这个G - (第104页)

G	D

祝你生日快乐

D	G

祝你生日快乐

G	C

祝你生日快乐亲爱的　　_____

G	D G

祝你生日快乐

第2步

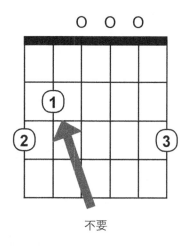

不要

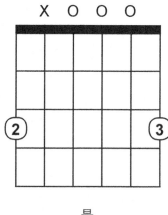

是

通常G和弦不会给你正确显示。专业吉他手将第5弦静
音,而手指里弹奏第6弦。

是

- 它更容易
- 听起来也更好
- 弦改变更容易

第3步

学习一个好的弹奏模式的最简单的方法是在YouTube上找到同一首歌的一个好的吉他课。一旦你找到一个你很容易跟随的吉他课，你可能仍然有G的问题。再次，如步骤2一样弹奏G。

You Tube IE   **Happy birthday to you guitar lesson**

Happy Birthday To You - Acoustic Guitar Lesson - (easy)
Alan Robinson
3 years ago · 853,342 views
An acoustic guitar lesson of my interpretation of the traditional song Happy Birthday to You, inspired by my dog, Molly's 10th ...

Happy Birthday EASY Guitar Tutorial (How to play)
Andy Guitar
1 year ago · 729,463 views
SUBSCRIBE >> http://goo.gl/nDtSmJ Happy Birthday TAB FREE ...

How To Play Happy Birthday on Guitar
GuitarJamz
6 years ago · 2,458,105 views
Free Ebook when you sign my email list !!
http://www.guitarjamz.com/new_requests/ Links : 3 te.

你会发现在你想学习的许多歌曲中的G　C和D和弦。尝试用 G Cadd9 D替换它们（99页）。这样继续弹奏歌曲

- 它更容易

- 听起来更好

- 弦改变更容易

Cmaj7

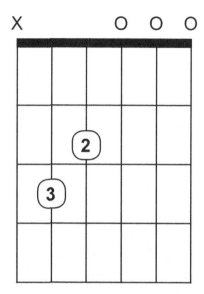

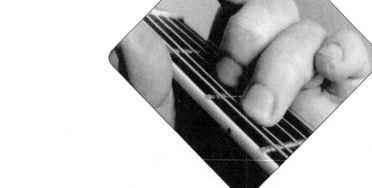

拇指触摸第6弦

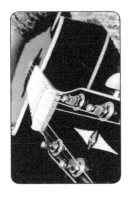

D/E

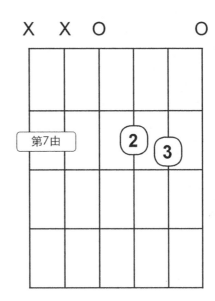

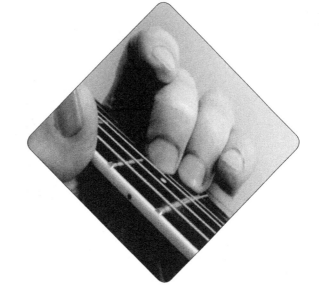

拇指触摸第6弦

同时一起弹4弦

Am

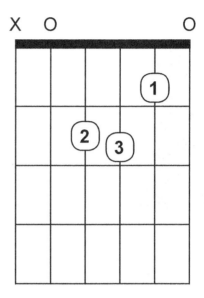

拇指触摸第6弦

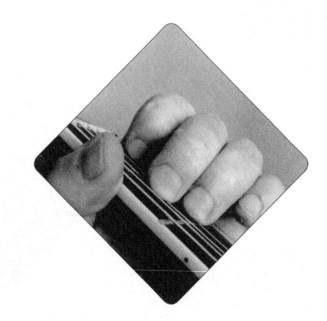

E

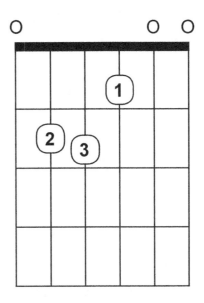

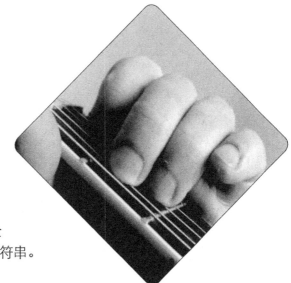

对于E，你的手指保持与Am完全
相同的位置，你可以移动一个字符串。

如何快速更改弦

第3部分

下面是一个宝贵的学习技巧。大多数初学者试图从一个弦快速切换到另一个弦的时候陷入巨大困难。在这里我们要把这个艰难的步骤分成两个比较容易的步骤。慢动作和弹跳。

Am

慢 慢 地

* 移动3手指
* 向上1弦
* 为1单位

抬起
你的拇指

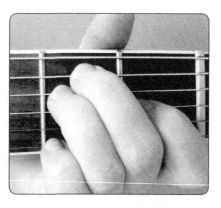

E

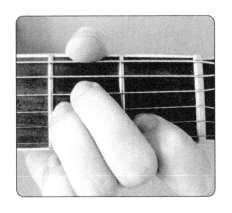

非常快

移动3只手指上
1弦
- 为1单位 -

抬起你的拇指

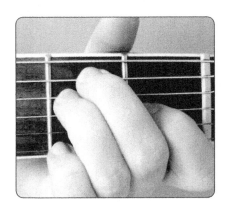

非常快

移动3只手指下
1弦
- 为1单位 -

放下你的拇指
- 在第6弦 -

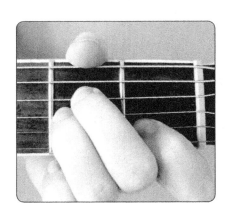

在这个阶段立即检查弦
的变化是对还是错。

及时从弦到弦弹跳并马
上回来。

这里是另一个的弹吉他的秘密。无论你是一个国际巨星，或只弹了几个星期,你以同样的方式弹D,C或任何弦。.D是D,C是C然而，和弦之间出现的情况是具有很大的区别。

伟人使它看起来容易，因为弦之间不存在浪费的运动。 这是通过和弦变化时保持在弦中使用的手指......和所有手指,靠近指板。

要好好的改变和弦，在你面前弦的最后向上扫弦,开始时移动你的手指至新弦的方向。如果你不这样做，在弦开始时,你将有一个浑浊的声音,做得正确的将会发生两件事情

     1 声音更清晰

     2 弦变更容易

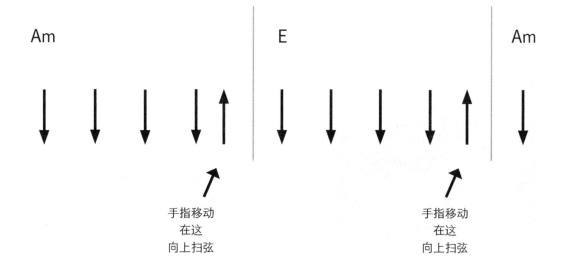

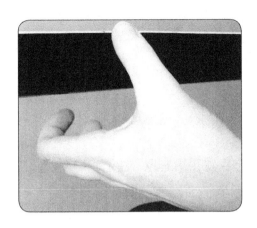

在需要你的力举东西时，
手自然会坚定。

"爪"可以帮助你省力弹弦
而得到良好的声音。

它会持续让你的手指在弦
变时接近指板。

 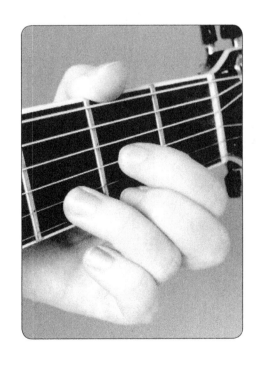

你不爪住你的节奏的手。玩吉他的正确感觉是一个坚定，
按弦的手结合了轻松的节奏手。

新的
吉他节奏

节奏 3第65页可以在许多着名歌曲中清楚地听到。但是，计 1 2 3 1 2 3 1 2 3 1 2 3 可以非常重复和无聊。 如果你计数，节奏变得更有趣

1　为了第一　1 2 3

2　对于第二　1 2 3

3　对于第三　1 2 3

4　对于第四　1 2 3

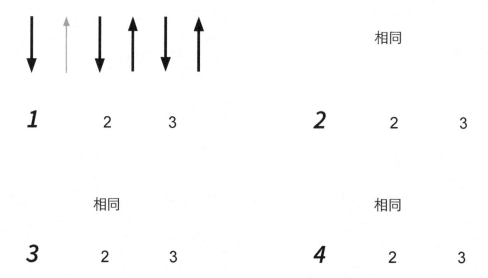

练习项目

第10课

- 练习改良手指练习 - 第86页

- 练习Am和E - 第111页

- 练习D, Cadd9和G - 第97页

- 练习快速变弦 - 第72- 73页

- 练习新吉他节奏 - 第114页

注意事项

你是否一步一步来到这里了?

如果是这样的……你做得很好

恭喜

现在你可以玩吉他了

即使你还没有完全掌握每一节课,你仍然做得很好。任何新的学科在短的时间可以是痛苦的。但它将会变得更容易。所以目前最重要的事情是了解这些课。随着时间，它会成为你演奏风格的一部分。

你有足够的吉他弦,节奏和演奏技巧毕毕享受。很多人都对这个非常高兴。但是，如果你想继续这并无关系。

但要记住这些课程以深浅作为课程结构。正如在初学者部分，跳课不是个好主意。太快从一节课到下一节课也不好。

这有两个例外。"第19课"也将大大帮助你。除了能够改变吉他弦之外，你还会知道如何使吉他更容易弹，听起来更好。

而"第20课"包含了大多数你最喜欢的歌曲的和弦。所以你可以在学习新歌时参考。

现在返回课程了。

第11课

9

种流行

的声学吉他节奏

节奏 1

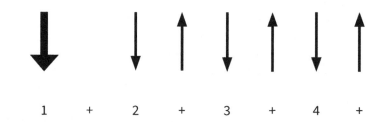

节奏 2

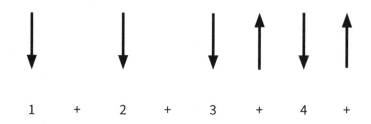

节奏 3

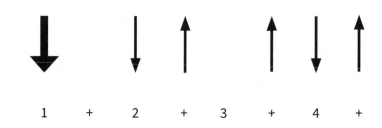

节奏 4

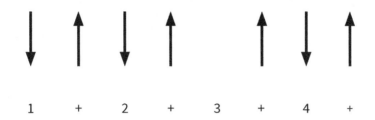

1	+	2	+	3	+	4	+

节奏 5

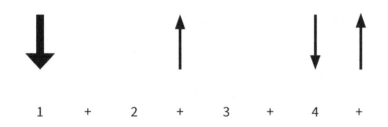

1	+	2	+	3	+	4	+

专业吉他手经常结合两个单的节奏，以避免重复。他们可能弹

节奏 2	4拍中的	第1拍
节奏 5	4拍中的	第2拍
节奏 2	4拍中的	第3拍
节奏 5	4拍中的	第4拍

这两个例子将结合节奏3和6或节奏8与2。 单节奏有时也与双节奏相结合。

你可以混合和来创造自己的节奏。同样，要掌握它们的最快方式是用你按弦的手弹固定低音弦。

- 乐曲也起到3拍节奏
- 他们往往弹得快
- 您将需要先慢慢练习它们

节奏 6

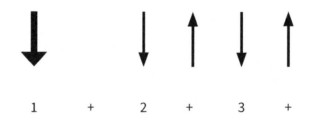

节奏 7

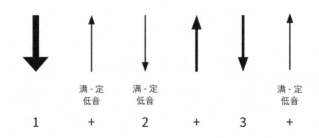

你也可以混合匹配单人和双人的节奏。这里有两个最常用的图案。
因为他们更难以完美，大多数人都开始时 慢 慢 地 练它们。

很重要

几乎大家首次开始加快弹奏然后会变得越来越响亮。但大多数的节
奏实际上弹的时刻是软软的，即使在快速弹奏时也是这样。

节奏 8

节奏 9

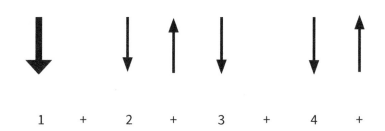

练习项目

第11课

- 练习3个节奏 - 第118页

- 练习改良手指练习 - 第86页

- 练习Am和E - 第111页

- 练习快速弦变 - 第97页

- 练习新吉他节奏 - 第114页

注意事项

第12课

如何弹G - 完成

2个新弦

如何快速更改弦
第4部分

如何弹G - 完成

如前所述，学习G是人们放弃弹吉他的关键原因之一。学习错误可能会导致许多不必要的障碍。

不要

- 它听起来永远不会很正确

- 它使由C改为D相当困难

- 它限制了你添加低音和装饰的能力

是

如果你这样玩G，地抬起你的第1只手指作第5弦静音。

它会响起更好的声音。您可以继续弹奏它直到你已经完善下页两个艰难的G。

以及给予你更多的音乐选择，他使变弦更容易。你弹奏6弦，但只有5声。

有了这个G

Em大多数使用第一和第二只手指弹。

另外当改变　D，Cadd9或EM7期间你不需要动第3只手指。

您获得丰富的声音。

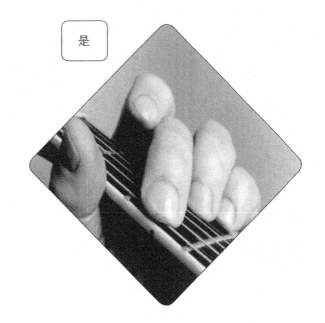

是

有了这个G

Em大多数使用第2和第3只手指弹。

改变为C,D等弦时，第2和第3只手指以1单位移动。

它释放你的第1和第2只手指加低音运行，和装饰。

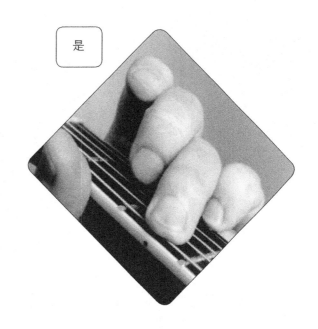

是

G 另一种方法

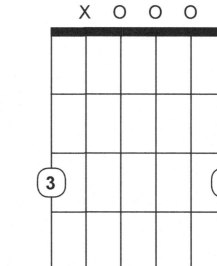

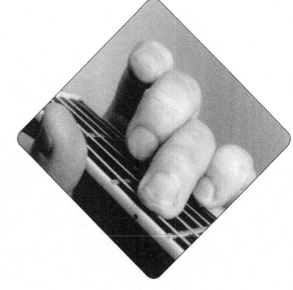

第5弦通过第3只手指内部静音

如果他们的手太小,许多人保持拇指触碰第6弦,尽管它不影响声音。

然而，它，将它们保存避免移动到下一个弦变（因为它已经预设了该弦）。如果你的手很小你可能不能够做到这一点。

专业地学习G是比较困难的.... 但它是有回报的。顶级吉他手至少有三种不同的方式弹奏它。这开辟

了无限可能。

C

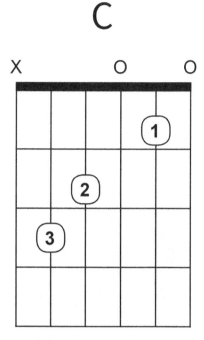

拇指触摸第6弦

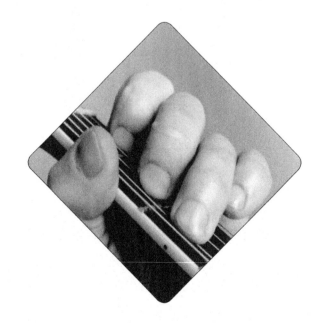

Fmaj7

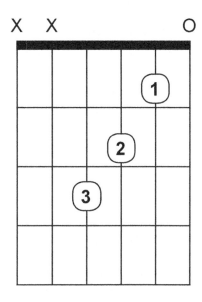

拇指触摸第6弦

第1个字符串必须声音

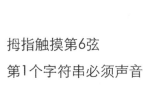

如何快速更改弦

第4部分

魔术移动

这里弹吉他的另一大秘诀。这是在数百万首歌曲里面。当需要的时候,你需要能够同时移动第2和第3只手指作为一个单元。一旦完成，它会加速横跨指板数百个向上和向下的弦变化。

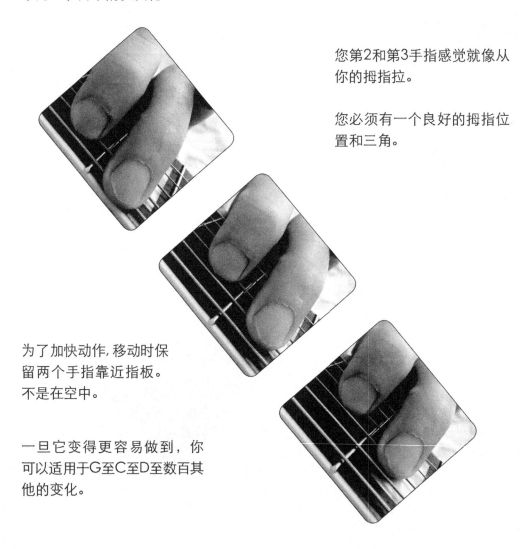

您第2和第3手指感觉就像从你的拇指拉。

您必须有一个良好的拇指位置和三角。

为了加快动作,移动时保留两个手指靠近指板。不是在空中。

一旦它变得更容易做到，你可以适用于G至C至D至数百其他的变化。

魔术移动需要非常的 慢 熟 练 几天 然后你就可以加快速度。尽最
大努力是遵循这次序。然后你就可以加快速度。

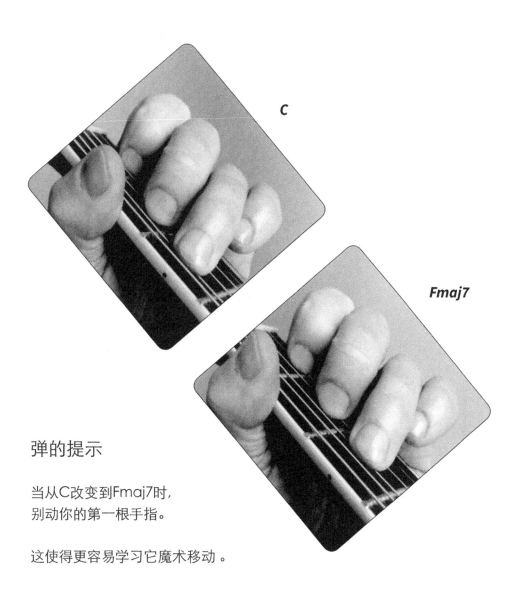

C

Fmaj7

弹的提示

当从C改变到Fmaj7时，
别动你的第一根手指。

这使得更容易学习它魔术移动。

魔术移动
变得容易

如果你改变得不够快,握住你的旋律手在向上位置是非常有益的。
在你练习改变和弦,现在它已经准备好下一个 向下扫弦。

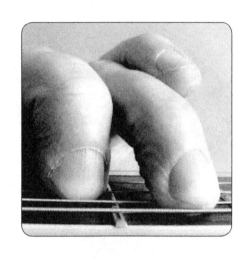

- 在最后的 向上扫弦 期间,
  开始移动你的第1和第2只
  手指作为一个单元 。

- 在下一个的弦第1个 向上
  扫弦 前穿上它们。

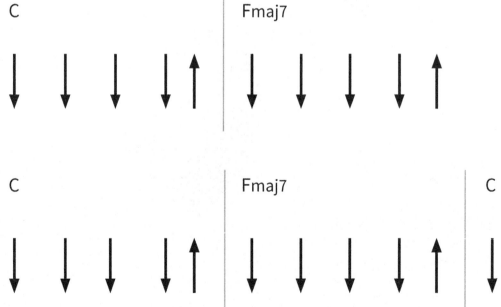

你的指甲

你的指甲可以是两个不同的长度。按弦的手甲必须在任何时候是短的。否则，就不可能产生良好的声音。在你的节奏手的指弹吉他可以让指甲长一点。

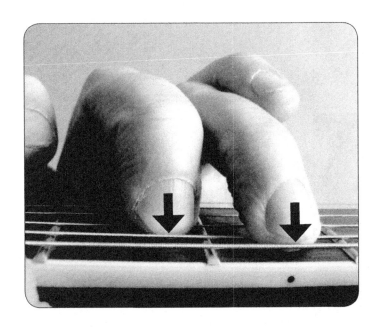

你的指尖和指甲也可使用来触摸和将弦静音如C的第5弦，第6弦如下所示,。你推到手指上方的弦以释放下面的弦。如果你用指甲锉, 你也可以在吉他拨子 磨损时使用它来锉。

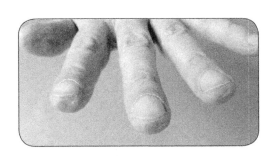

按弦的手
短指甲

你的第4手指只

如果你从D跳到G,您的手指会不会跳起来?这是由于无三角形么起的 返回D现在变得困难因为你的手指没有空间。它也像被困在手掌,这是许多人具有的问题。

1   手指D弦与三角形

2   你改变之前按住第4只手指如下图所示

3   非常缓慢地移动第2和第3只手指至G

4   然后推第4只手指至第1弦和放手

5   现在将手指移返D

6   当他们下来,一定要重新打开三角

7   按住第4只手指并重新开始

这种学习方法是不容易并且必须很慢的熟练几天。然后你会逐渐加快速度。它大大有助于克服这个问题。

专业吉他手经常链接他们的第3和第4只手指。这使他们更强。它使两只手指像一只一样, 更容易控制。

练习项目

第12课

- 练习G - 第124页

- 练习C - 第128页

- 缓慢的练习魔术移动 - 第130页

- 练习由C改变到Fmaj7 - 第131页

- 练习第4只手指 - 第134页

注意事项

第13课

一 变调夹 - 是什么呢?

如何弹F

一 变调夹 - 是什么呢?

您现在在你的吉他有全部50个顶级的音乐风格。你只需要简单买capo，你便会增加至500(第17页)。一个capo可以放在多达十个由。即使你在同样的弦位置弹，你会在每个由得到一组不同的声音。

另外吉他应该调整音高来有利于歌手以保留他们声音的质量。如果歌手在乐器中失去声音质量. 他们的听众也会失去兴趣。

我们最喜欢的歌曲的歌词对我们来说是有很多意思的，所有好的吉他手以最适合的音乐键来符合声音。它经常使用capo 来完成。

变调夹第1由

如果这首歌曲适合你的声音,这是件好事。如果不行,尝试放置一个capo在第一由。它现在取代你吉他的螺母，这代表之前的第2由现在已经成为新的第1由。

所有你需要做的是重复同样的和弦序列以及在高键重复这首歌。如果这个职位更适合你的声音,这是件好事。如果不适合,你可以将其向上或向下调整由直到它适合。

3种 变调夹

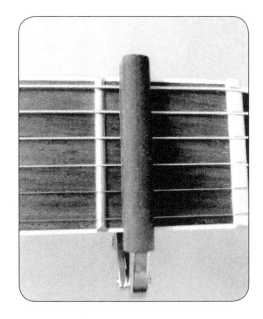

弯	对于最适合原声吉他和电子吉他
直	对于直尼龙弦最适合古典吉他
*12*弦	对于12弦和宽颈吉他

您应该始终将capo尽可能靠近钢架,距离音响的1/4英寸。

轻微的曲线

买 变调夹 之前, 检查看看你的吉他的指板是否直线或曲线。

如果你发现很难获得良好的声音, 您可以放置一个 变调夹 在第一由 。现在很容易按串。

一旦你懂得弹这个声音, 脱下你的 变调夹。

如何弹F

F为什么是那么难?

所有弦从拇指/三角手的位置或小节弦手的位置而弹奏。F是例外。
它不具有三角形。而且它是使用拇指位置来弹奏。

尝试这个

抓住吉他脖子

然后将你的手指到位

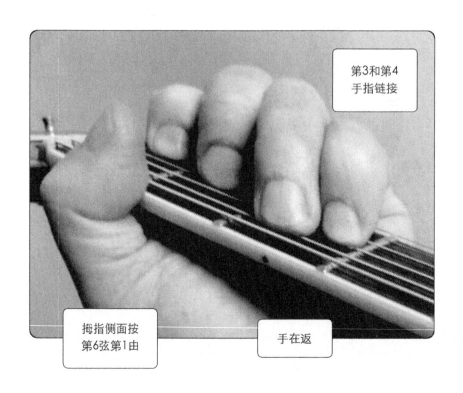

第3和第4
手指链接

拇指侧面按
第6弦第1由

手在返

很多人对F感到困难。因为F通常是第一弦需求他们需要在两个弦使用同一个只手指按住, 许多人从吉他脖子后面将手拉出来。

这是致命的。

你的手掌必须进入和向上。

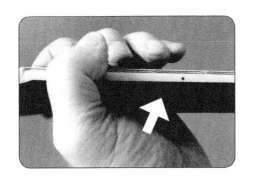 

看着吉他颈背。 尝试抓住顶部的吉他，用拇指放在第六弦上。

同时，将拇指向右转，将手指移动到和弦位置。 应该按第六弦第一由更深的声音。

如果您能一手握住吉他就能保持良好的声音，您可以很好地弹奏F。

F

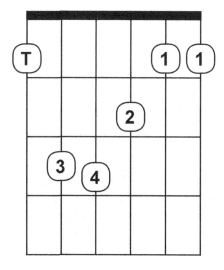

抓住吉他脖子

Dm7

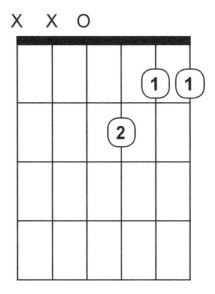

抓住吉他脖子

拇指触摸第6弦

练习项目

第13课

- 练习改良手指练习 - 第86页

- 更快练习魔术移动 - 第130页

- 使用魔术移动练习从G到C到D改变

- 练习由C改变到Fmaj7 - 第131页

- 练习第4只手指 - 第134页

注意事项

第14课

如何玩巴里和强力和弦

如何使玩巴里和弦更容易

如何让巴雷和弦容易

如何玩巴里
和强力和弦

小节这个词可以是非常误导的。大多数人理解它的字面含义然后小节伸直他们的第1只手指。如果你看看一下任何顶级的吉他手，你会清楚地看到，

第一只手指弯出

1   把你的手指覆盖其中一张图片

2   指甲成30°左右转

3   这与在吉他上轴承是一样的

4   对于大多 巴里和强力和弦, 第一个手指只按一个弦- 第6或5个弦

不要

是

您还需要一个良好的拇指和手腕位置。它必须是低和中心。
你的手腕也应该低。

这与看起来并不一样。如果您遇到困难，问一个朋友助您如下图所示保持你的手腕位置会对您有帮助。

经过几分钟，你应该开始感觉更容易做。

把你的小节手指转30°角大大有助于使其他手指在指板的前面并且与琴弦线一致。

现在小节弦更容易弹奏。

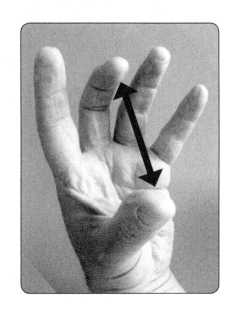

制造
小节简易弦
更容易玩

要自然的弹小节弦，你的手指应与由平行 小心翼翼练习。
它会快变得容易和轻松。

- 滑动向桥时手指变窄

- 当你滑动到头时手指拓宽

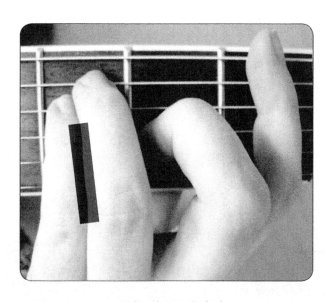

第3和第4只手指相连

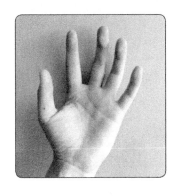

为了使巴力弦更容易，你可以抓住你的手，连接第三和第四只手指？

你的手现在感觉好像只有三根手指。这种情况很容易控制，特别是要改变弦。

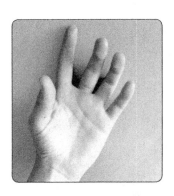

弹吉他是很容易当你

4只手指感觉就像3只

3只手指感觉就像2只

2只手指感觉就像1只

它一直在寻找机会链接手指去完成。如果您爪先，你甚至可以无需吉他练习小节弦形状。

换到小节弦

手指C弦与拇指在上面。 在后面向下滑动拇指。 保持它在中心，
慢慢倾斜吉他颈前倾。你的手指应该还是在C位置。

持稳你的手，尽管在空气中，以Bmaj7形
状 移动手指(第179页)。

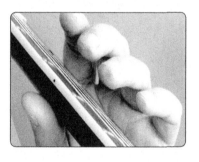

现在把Bmaj7和弦
放在指板上

许多顶级吉他手从开弦弹的第二拍顺着脖子后面滑动拇指。
它在第四节拍弹之前完全给小节弦就位。

5个顶级吉他手
共享的技能

1   拇指低并且在中心

2   第1只手指稍微向外弯

3   拇指和指尖爪

4   第3和第4只手指链接

5   当你在指板向上下时，
    手指将会时窄时宽

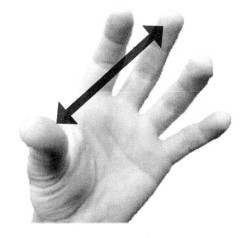

推你的拇指顶住第1只手
指有助于大大改善声音

专业人士可以同时做所有这些技
能。如果你单独练习,你很快就会
发现弹小节弦更容易。

你的手应该感觉好像你拿着
一杯满满的水。 然后链接你
的第三和第四个手指。

如果你喜欢，尝试拿着玻璃
杯，将你的第三和第四根手
指连在一起。

然后取出玻璃杯，然后用完
美的把手和和弦放在一起。
当你从下面接近吉他琴柄时
握住这个手形。

练习项目

第14课

- 练习改良手指练习 - 第86页
- 第一只动手指位置练习 - 第146页
- 练习玻璃 手的位置 - 第149页
- 更快练习魔术移动 - 130页

注意事项

第15课

100

个吉他弦

3步骤

100
个吉他弦

3步骤

第1步

了解在第六弦的音符

打开	E
第1由	F
第3由	G
第5由	A
第7由	B
第8由	C
第10由	D
第12由	E

你的手必须从下方途径

E

第2步

现在我们知道第六弦上的所
有音符，我们可以演奏E弦。

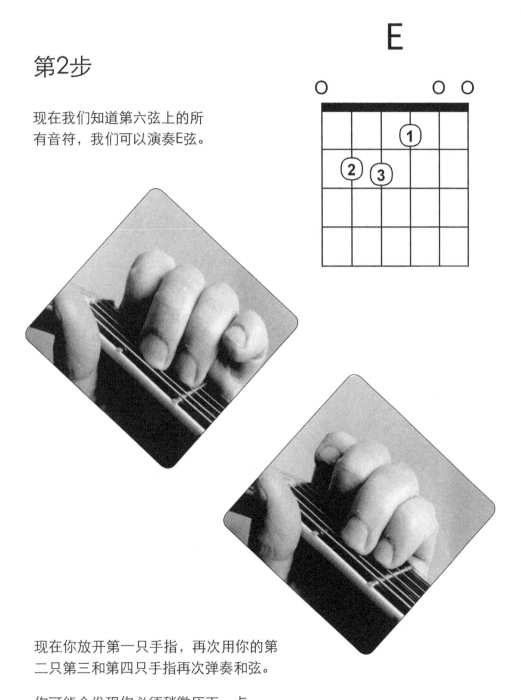

现在你放开第一只手指，再次用你的第
二只第三和第四只手指再次弹奏和弦。

你可能会发现你必须稍微压下一点。

第3步

降低你的拇指,与此同时,添加您的第1只手指至横跨螺母和在螺母之外。

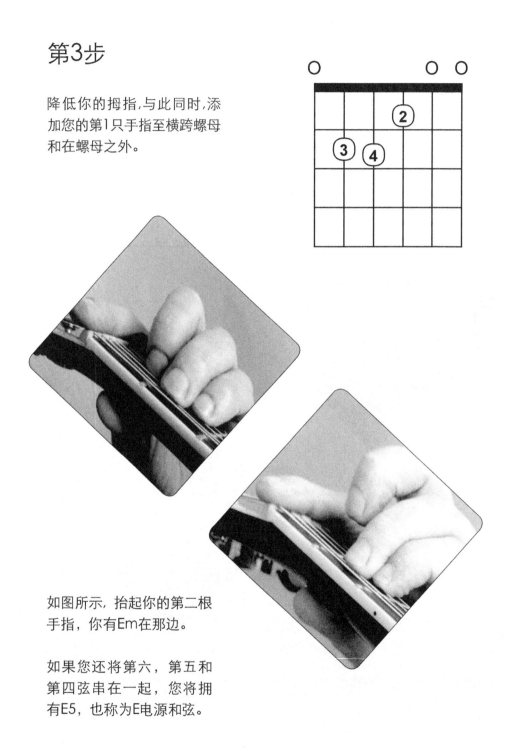

如图所示，抬起你的第二根手指，你有Em在那边。

如果您还将第六，第五和第四弦串在一起，您将拥有E5，也称为E电源和弦。

从这个Em,您将第4只手指
移下一弦? 这是E7sus4。

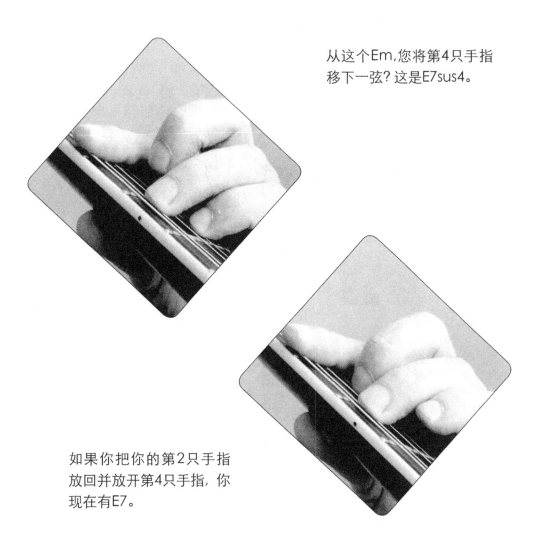

如果你把你的第2只手指
放回并放开第4只手指, 你
现在有E7。

如果你移高一由并重复该弦序列，你将会得到F, Fm, F7sus4, F7并且返回到F。你的第一只手指压在第6弦的音符是F。这有助于给你弦的名称。这也是为什么我问你,在这节课的开始，用心记住。

这一点，再加与手指的变化，使其成为7或M7或7sus4等等。第3由会给你所有G小节弦形因为你的第一只手指在第6弦弹G音符。第4由给你G﹟小节弦。当您的第1只手指在7由横跨6个弦,你便有B 小节弦。

在您的手机练习

如果您对任何这些举动作感到困难。这极有可能因为你的拇指离开了正确的位置,移到脖子后面。如果你想在小节弦成功,

你必须保持良好的拇指位置。

F#

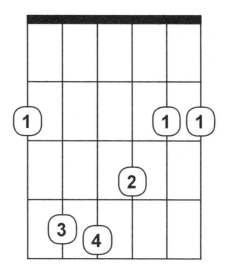

这是在第二阵容上
演奏的巴里和弦

F#m

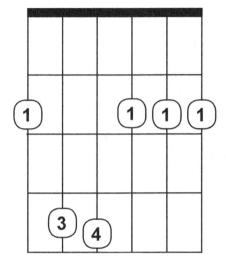

要弹奏F#m，只需从F#
放开第二只手指

Gb

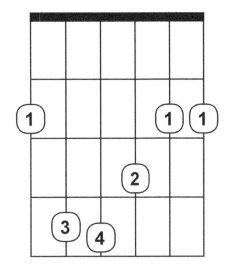

B

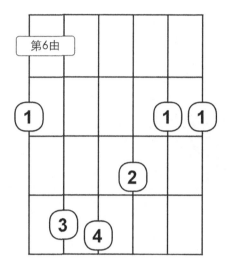

第6由

要玩一个B，只要把所有的东西都
滑到第七由。

第六弦第七个音符是音符B.并且以
和弦形状，它给你B巴里的和弦。

练习项目
第15课

- 练习改良手指练习 - 第86页
- 练习第1步 - 第154页
- 练习第2步 - 第155页
- 练习第3步 - 第156页

注意事项

第16课

200
个吉他弦

3步骤

200个吉他弦
3步骤

頂級吉他手也彈A 形小节弦。只有E 形小节弦，你會不斷在吉他脖子上升和下降。然而，通過組合A和E形狀，許多弦序列可在三個由之間彈奏。

如果你已經按照三個步驟來學習E形弦， 所有你需要做的就是在這裡按照同樣的方法。這使您具有200個弦選擇。

第1步

了解在第第五弦的音符

打开	A
第2由	B
第3由	C
第5由	D
第7由	E
第8由	F
第10由	G
第12由	A

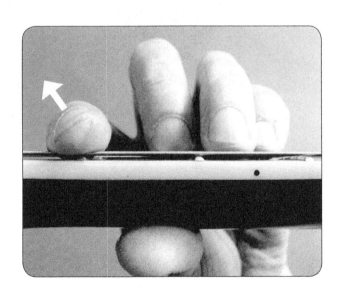

第一指出来

第2步

嘗試指法和弦

Am

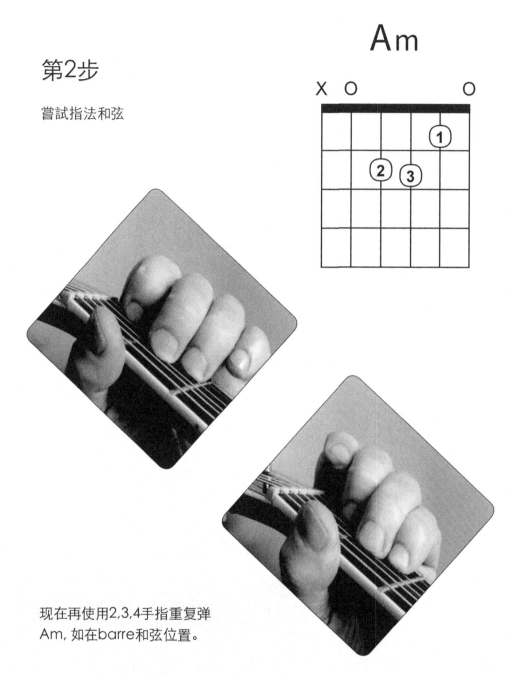

现在再使用2,3,4手指重复弹
Am, 如在barre和弦位置。

第3步

降低你的拇指到吉他颈部的中間,与此同时,添加您的第1只手指至横跨 螺母和在螺母之外。

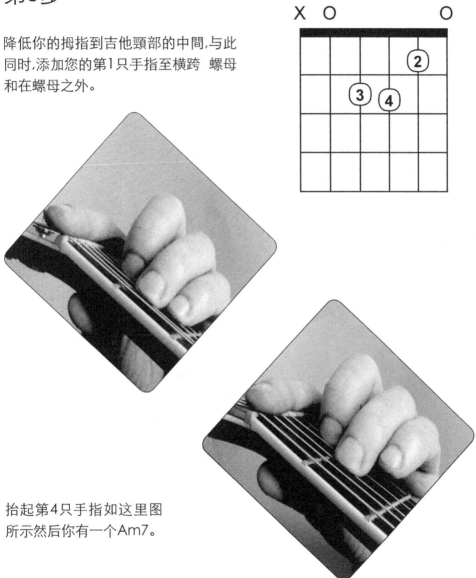

抬起第4只手指如这里图所示然后你有一个Am7。

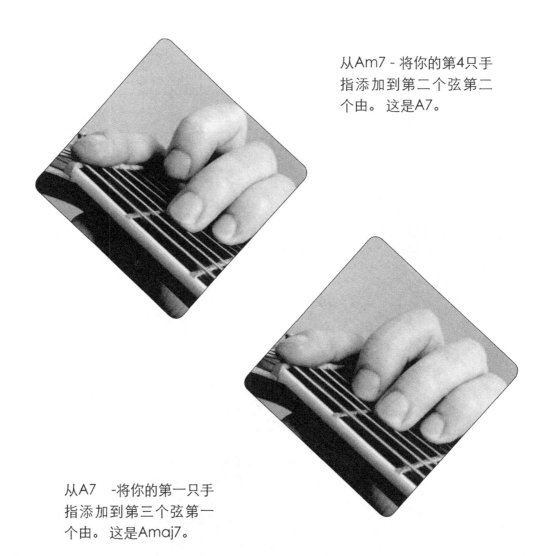

从Am7 - 将你的第4只手指添加到第二个弦第二个由。 这是A7。

从A7 -将你的第一只手指添加到第三个弦第一个由。 这是Amaj7。

对Bmaj7
滑动Amaj7上2由。

好的吉他手横跨五根弦，
用指尖将第六根静音。

对于开弦（除E之外），第6个弦用拇
指静音。但是因为你的拇指现在低在
中心，它不能将第6个弦静音。

它是用第一指尖。第7由是例外。
这些都是E型弦。开放的第6弦
（E）补充他们。

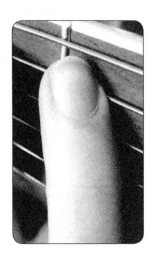

例外 - 第7由

弹的提示

最顶级的吉他手看起来像一有双关节的第3只手指。这意味着他们能只使用第1和第3只手指弹A形小节弦。

* 用三根手指, 当你沿着吉他颈部你很快会速空间不足

* 用三根手指, 当你沿着吉他颈部你很快会速空间不足

把它弯过来

没有人天生有这个技能 - 但它可以被开发。弯曲你的第3手指（按弦的手）如下图所示。几个星期之后您可以用它弹弦。

不要

努力用bar手指与在由的另外三根手指弹小节弦。以及非
常难以迅速转变。 一旦你移动超过第三由, 您的手指将会
空间不足。

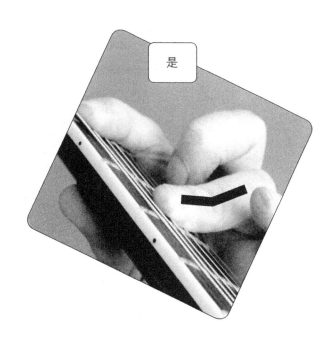

是

D

第4由

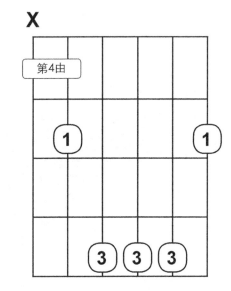

第一个指尖触摸第六个字符串

E

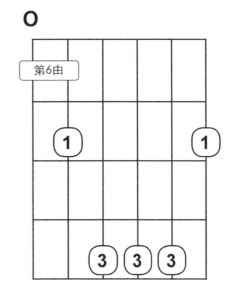

第6由

第一个指尖没有触摸第六个字符串

练习项目
第16课

- 练习改良手指练习 - 第86页
- 练习拨弄着E形小节弦
- 练习第1步 - 第165页
- 练习第2步 - 第166页
- 练习第3步 - 第167页

注意事项

第17课

如何节奏固定低音

如何节奏固定低音

当从一个小节弦移动到另一个时， 松开手指的压力并轻轻地滑动你的手。一旦你到达下一个弦， 再次施压力到弦。如果你不这样做，你会很快抽筋。

抽筋因为拨弹小节弦并因试图不断地按住你的手指而引起。在弹拨模式中，减少和增加你的手/手指的压力(固定低音) 听起来更好给你的手休息给你更多品种节奏。

手指很轻轻触摸琴弦

1   当您弹固定低音弦

2   当你上下滑动吉他颈部

静音

你可以用节奏和按弦的手固定低音。

在这里，我们将看看两种方式练习你按弦的手的宝贵技术。

- 很轻轻触摸琴弦
- 不要把琴弦推下

半- 固定低音

- 手指弹拨时按向下弦
- 接着他们升起，但仍然非常轻轻触摸他们

要非常小心。这比看起来困难。但是，如果你慢慢的练练，你应该很快便可以完善固定低音。以及使节奏更有趣，也将降低你的手抽筋的机会。

多玩节奏
固定低音

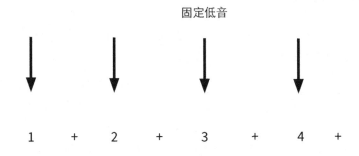

固定低音

1　　+　　2　　+　　3　　+　　4　　+

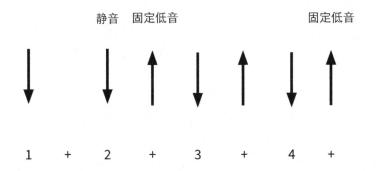

静音　固定低音　　　　　　　固定低音

1　　+　　2　　+　　3　　+　　4　　+

3个多示例

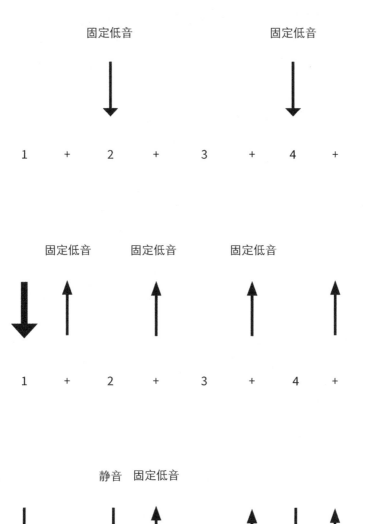

练习项目

第17课

- 练习改良手指练习 - 第86页
- 练习固定低音 - 第178页

- 练习弯曲你的第3手指 - 第170页

- 练习拨弄A异小节弦

- 重新阅读如何不正确的弹吉他 - 第10页

注意事项

第18课

8

种最常弹奏的
声学吉他节奏

8个最
热门节奏

节奏 1

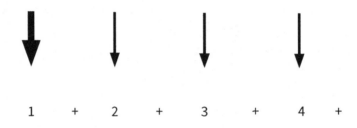

```
1   +   2   +   3   +   4   +
```

节奏 2

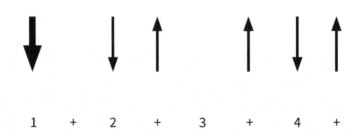

```
1   +   2   +   3   +   4   +
```

节奏 3

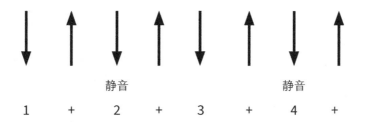

静音　　　　　　　静音

1　　+　　2　　+　　3　　+　　4　　+

节奏 4

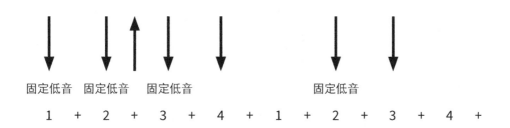

固定低音　固定低音　　固定低音　　　　　　　固定低音

1　+　2　+　3　+　4　+　1　+　2　+　3　+　4　+

节奏 5

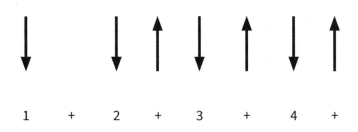

节奏 6

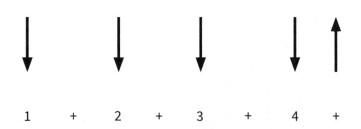

节奏 7

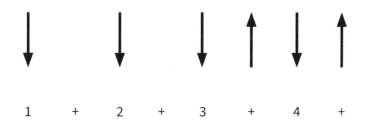

节奏 8

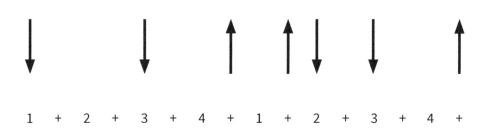

练习项目

第18课

- 练习改良手指练习 - 第88页
- 回顾压延 - 第52页
- 一次练习不超过3个节律
- 习弹拨E和A型的小节弦

注意事项

第19课

调整吉他脖子

如何拆除吉他弦

如何更换吉他弦

换弦后如何调整

调整吉他脖子

所有的吉他脖子都受压，主要来源于弦。但是，天气条件的突然变化也可以引起压力。大多数吉他现在有一杆，在颈部具有可调节的螺母。还有让你做出调整来加强。

有时，吉他的脖子可能会变为略微鞠躬。这使得它更难以奏乐。此外，它不会发出正确声音。下列准则应帮助你改正它。

- 保持吉他高至视线水平

- 沿着指板的两边看

- 稍松开第3和4四弦

- 取下螺母盖（如果有）

- 在螺母装配合适六角扳匙

- 轻轻地转它
  一次一小转

调高其松开
提起弦

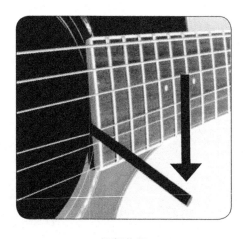

调低收紧
降低了弦

一旦它看起来直，你可以给螺母很轻微的转以补偿当松弦拧紧和调整的时候额外添加的拉紧。

驼峰

在中间

松开螺母

弓

在中间

拧紧螺母

桁架杆也可以在吉他的头部被发现

如何拆除
吉他弦

一旦你知道你在做什么,更改吉他弦是很容易的。一个好的绕线机将
(第27页)有很大的帮助。除了为您节省了大量的时间,它提供了非
常好涂饰以完成。

第1步

- 将弦绕线机安装至调整头

- 转动几次来拧松弦

第2步

在桥针下滑动弦绕线机

第3步

轻推针向上来去除弦

如何更换
吉他弦

第1步

1 将弦下调5cm

2 轻按针，确保弦是在槽里面

第2步

当你用拇指向下推并按住针,将弦拉下（快速拉）直到其锁定到位。这提供了更多的安全性。如果你没有像这样将针捕捉到位，当您尝试收紧弦时他们经常弹出 。

第3步

通过调整弦穿过头
后，从指板拉直到约
12cm

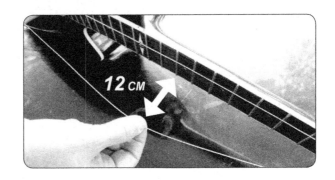

第4步

在最后几圈，你可能还必须
用你按弦的手的跟部垫按
针。这将阻止他们飞出。

用拇指圈闭弦并启动绕组。

第5步

剪辑琴弦作整洁的完成

换弦后
微调

如果你只是将一组新的吉他弦更新，你现在知道直到它们被调谐，工作尚未完成。夹式吉他调谐器使这更容易，特别是如果你不奏太长时间。

1   在桥针上放置你手的跟垫
     （有助于停止针在拧紧弦时飞出来)

2   用另一只手在绕线机的调音弦轴插槽

3   绕组所有弦至合理的紧

4   启动你的吉他调谐器

5   调整你的吉他

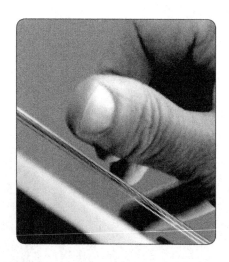 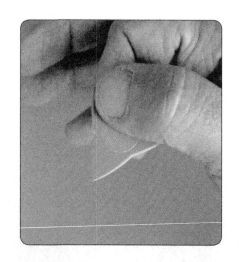

挑弦 用拇指或一把吉他挑

桥梁的后跟垫阻止他们飞出

很重要

通常吉他弦现在已经被调....但不是这次。因为他们刚刚只在几分钟调完，他们需要时间来适应调节。另外前三弦失调因为你收紧其他三个。

6　因此，再次调整所有六根弦两次。

7　之后，弹拨你的吉他了大约一分钟。
　　（帮助令弦适应调节）

8　最后，用调谐器再次检查每根弦现
　　在应该调好了

练习项目

第19课

- 练习改良手指练习 - 第86页
- 吉他三角 - 第15页
- 魔术移动 - 第30页

注意事项

第20课

50

个最热门

吉他和弦的

包括音樂家的

看法

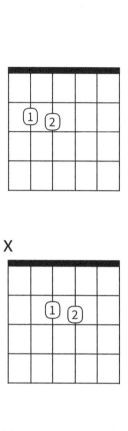

 E_M

X

A2

X

D_{MAJ}9

X

D6

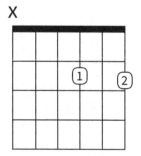

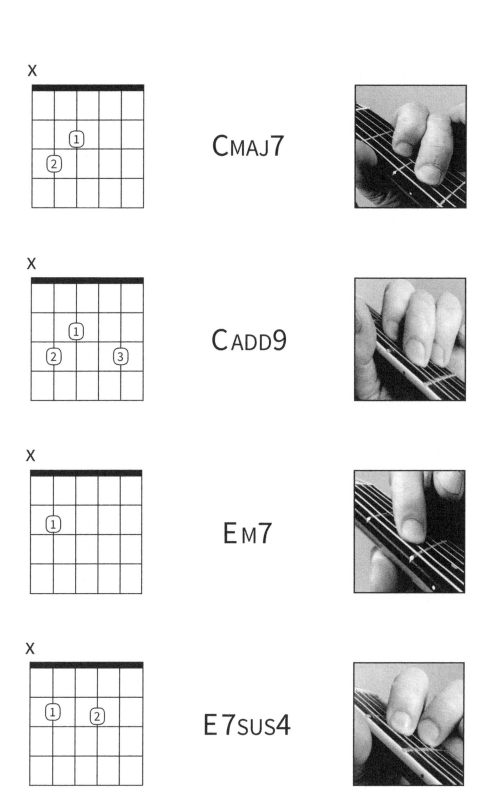

CMAJ7

CADD9

EM7

E7SUS4

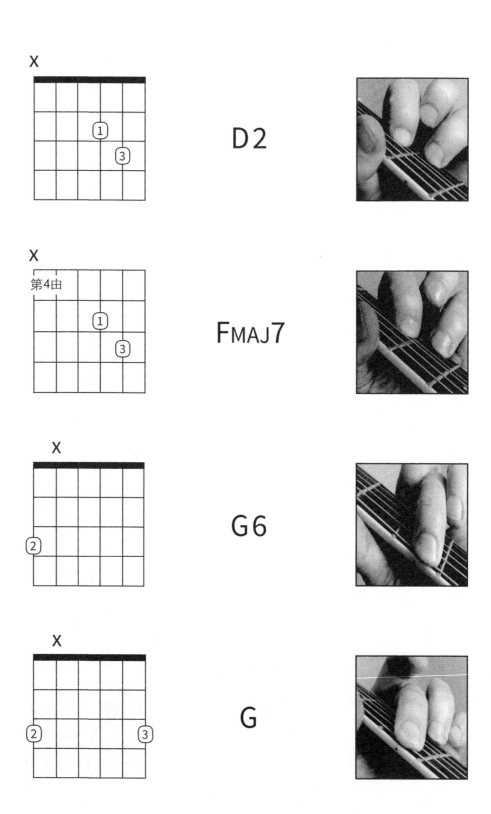

D2

Fmaj7

G6

G

第4由

X

第6由

D/E

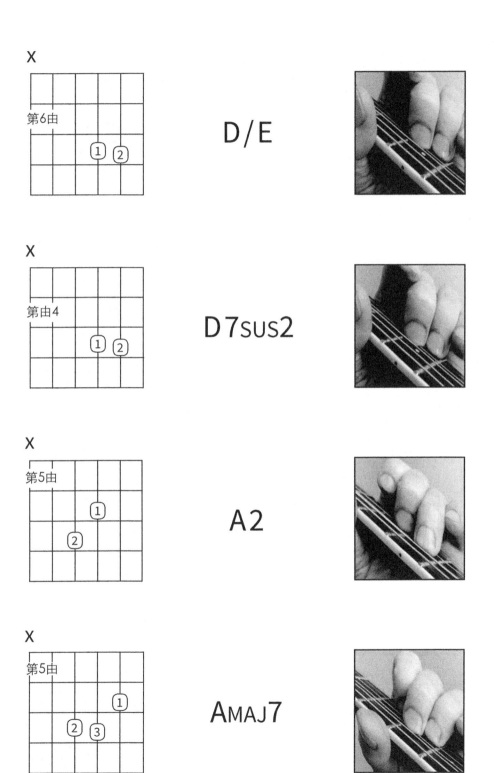

X

第由4

D7sus**2**

X

第5由

A2

X

第5由

Amaj**7**

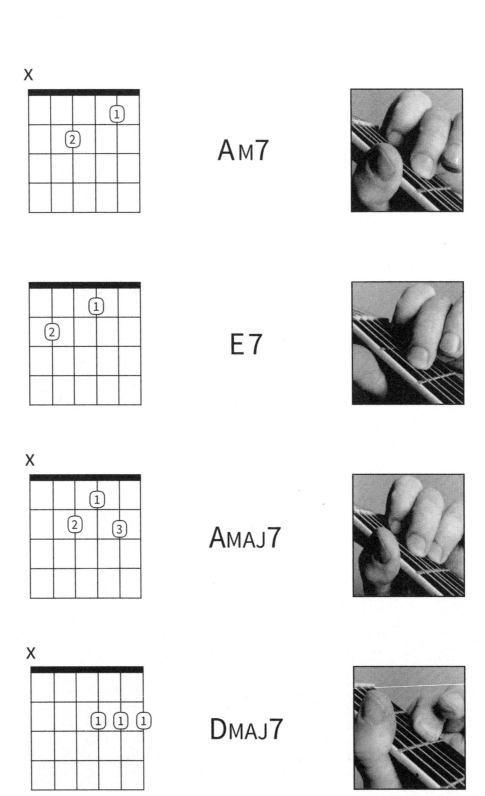

Aм7

E7

Aмaj7

Dмaj7

练习项目

第20课

- 练习改良手指练习 - 第86页
- 回顾压延 - 第52页
- 一次练习不超过3个节律
- 习弹拨E和A型的小节弦

注意事项

关于作者

Amazon 3 本最暢銷 的書的作者,
Pauric Mather来自都柏林,爱尔兰。
他是自1987年以来一个专业的吉他
手,曾与许多闻名艺人演出。

他也是吉他教学领域的领先专家,
也是极少数作为表演者,作家以及
吉他教师能够取得杰出成就。

写一本吉他书 - 2009年

Finbar Furey和Pauric Mather - 1997年

安东尼奥·德托雷斯（1817 － 1892）在
1850年左右在西班牙阿尔梅里亚建造了第一
把吉他。

Pauric Mather's 轰动的吉他课和
书是独特的。您可以轻松地找到最
具个性化和个性化的人物。

更令人惊奇的是，你不需要知道音
乐，来学习他的方法。

Pauric Mather也是家庭吉他学院的
创始人，这是初学者吉他手访问量
最大的在线资源之一。

Made in the USA
Monee, IL
20 September 2021

78421134R00116